Marion Welsch

Sprich mit mir

Marion Welsch

Sprich mit mir

Auf der Suche nach der Vergangenheit meiner Familie

List

List ist ein Verlag
der Ullstein Buchverlage GmbH

ISBN 3-471-79170-1

Redaktion: Claudia Schlottmann

Gesetzt aus der Sabon und Scala bei
Franzis print & media GmbH, München
Druck und Bindung: Clausen & Bosse, Leck
Printed in Germany

Dieses Buch widme ich meinem Vater,
wie er es sich gewünscht hat,
und
Ernestine Werblowsky

»Wichtig ist, dass man nicht aufhört zu fragen.«
Albert Einstein

»Denn man erwirbt sich Rechte auf ein so beschaffenes Material, indem man sich mit ins Spiel bringt und den Einsatz nicht zu niedrig hält.«
Christa Wolf, »Kindheitsmuster«

Meinen Mädchennamen Hüllen-Weber gegen Roberts Nachnamen einzutauschen, machte mich fast ebenso glücklich wie der Schritt, ihn zu heiraten. Nicht nur, weil mein Name für jedes Unterschriftenfeld zu lang war. Er schien nicht so recht zu mir zu gehören, fast wie ein geliehener Mantel. Er kratzte ein bisschen, die Ärmel waren zu weit und er fühlte sich viel zu schwer an, ohne dass ich gewusst hätte, warum.

Ich hatte diesen Mantel also scheinbar seit langem abgelegt, als ich mit meinem Vater einen Ausflug in die Stadt Guttau machte, wo er aufgewachsen war. Auf der Hinfahrt wusste ich noch nicht, dass diese Reise insgesamt zwei Jahre dauern sollte.

In Guttau, das an der heutigen polnischen Grenze liegt, besaß die Familie meines Vaters bis zum Ende des Zweiten Weltkriegs eine Tuchfabrik, die den Namen Weber trug. Mein Großvater Carl Hüllen hatte 1920 in diese Fabrik eingeheiratet und leitete sie zweiundzwanzig Jahre lang. Bis 1932 führte er die Geschäfte allein, dann schloss sein Schwager Jürgen, der kleine Bruder meiner Großmutter, seine Ausbildung zum Tuchmacher ab und trat in die Geschäftsführung ein.

Nach dem Tod seines Partners 1942, nach Fabrikschließung, Enteignung und Internierung ging Carl Hüllen nach Westdeutschland und eröffnete in den fünfziger Jahren mit Hilfe des Lastenausgleichs noch einmal für kurze Zeit eine Tuchfabrik, ein Unternehmen, das in einer Katastrophe endete. Damals wurde der Name der traditionsreichen Firma Weber mit dem meines Großvaters Hüllen zum Doppelnamen verbunden und seither werden alle Nachkommen der männlichen Linie mit diesem Nachnamen geboren.

Im Jahr 2002, bei unserem ersten Besuch in Guttau, hörten mein Vater und ich einige erschreckende Behauptungen über meine Großeltern. In den dreißiger und vierziger Jahren war viel passiert, von dem ich nichts wusste. Die Ereignisse waren im Schlamm der Familiengeschichte versunken und wirken dennoch oder gerade deshalb bis heute fort.

Deshalb habe ich mich auf den Weg gemacht und Fragen gestellt, im Internet gesucht und in Archiven recherchiert, bis ich endlich, fast vor meiner Haustür, fand, wonach ich suchte. Zwei Jahre lang habe ich mich in einem Labyrinth verirrt und den Ausgang nicht gefunden. Immer wieder bin ich an ihm vorbeigelaufen, obwohl es sogar Schilder mit dem Wort »Ausgang« gab. Es musste wohl so sein, dass ich erst einmal eine Zeit lang herumirrte. Schließlich wurde mir der Name Hüllen-Weber ein passender, trotz allem wärmender Mantel, den ich unter dem von Robert angenommenen trage.

Zuletzt fand ich Ernestine, von der ich gern viel mehr wüsste. Sie ist in Guttau geboren und aufgewachsen und arbeitete eine Zeit lang in der Fabrik meines Großvaters. Später verliert sich ihre Spur. Die Frage, warum ich sie nicht viel früher in meine Suche eingeschlossen habe, kann ich bis heute nicht beantworten.

1989, als die innerdeutsche Grenze geöffnet wurde, saß ich in Hamburg, ein Baby stillend, aufgeregt vor den Bildern im Fernsehen. Dann verging die Zeit über all den Windeln und Erkältungen und dem Versuch, Kinder und Beruf unter einen Hut zu bringen, über Einschulungen und Umzügen, weil Robert eine neue Stelle bekam oder die Wohnung größer, schöner oder leiser sein sollte. Wir blieben nicht in Hamburg, sondern zogen nach Berlin, dann ins Berliner Umland, und jetzt scheint es beinahe, als würden wir endlich Wurzeln schlagen, für mich eine neue Erfahrung. Robert hat es nicht anders erwartet.

2001 starb meine Mutter. Das Leben schien plötzlich so endlich.

Unsere Eltern hatten sich getrennt, als meine Geschwister und ich das Haus verließen; unser Vater ist seit langem wieder verheiratet. Wir sehen uns ein paar Mal im Jahr. Zwischen unseren Wohnorten liegen fünfhundert Kilometer.

Eines Tages, bei einem seiner Besuche, betrachtete ich meinen Vater und sah erschrocken, dass er unaufhaltsam älter wurde. Da bat ich ihn, mit mir nach Guttau zu fahren, weil ich voller Angst dachte, es könnte irgendwann zu spät sein.

Ich bin ein »West«-Kind der fünfziger Jahre. Es gab schon wieder Apfelsinen und Schokolade, aber wir spielten noch in grün überwucherten Häuserruinen, was uns natürlich nicht erlaubt war.

Als ich Anfang der sechziger Jahre in die Schule kam, unterrichteten dort immer noch Lehrer, deren Pädagogik aus einer anderen Zeit stammte, und ich erwischte ein besonders scheußliches Exemplar, dem erst 1970 von protestierenden Eltern das Handwerk gelegt wurde, wie ich später hörte. Dieser Mann versuchte noch, mit Prügel aus kleinen Jungen harte Männer zu machen, und pflegte die Mädchen »Dämlichkeiten« zu nennen, wenn ihm nicht noch Schlimmeres einfiel.

Über die kleine Stadt, die heute an der Grenze zu Polen liegt, erfuhr ich in jenen Jahren fast nichts. Ich kannte nur Versatzstücke, Andeutungen. Ich erinnere mich an den Gesichtsausdruck meiner Großmutter, wenn sie von Guttau sprach. Sie sah durch mich hindurch, durch die Wand hinter mir, irgendwohin, und nahm mich nicht mit. Ich mochte das nicht. Sie sollte mich ansehen, mit mir sprechen. Wo war sie, wenn sie sich so weit von mir entfernte? Wie roch es dort, was gab es für Geräusche? Wie sah es aus? Es sollte noch viele Jahre dauern, bis ich es wirklich wissen wollte.

Damals war ich eifersüchtig. Sie sollte schnell zurückkommen. Ich machte einfach etwas Unerlaubtes, nahm einen Löffel Zucker mehr, als ich durfte, oder goss so lange Milch in mein Glas, bis es überlief. Dann schimpfte sie und war wieder bei mir.

Mein Vater ist lange Flüchtling geblieben. In meiner Kindheit war er meistens unterwegs. Er reiste viel. Er wechselte die Arbeitsstellen. Wir zogen um, bis unsere Mutter weitere Umzüge verweigerte. Sie wollte so gern sesshaft sein. Aus ihren Kindertagen kannte sie das dauernde Herumreisen, sprach oft davon, dass sie acht Schulen besucht habe und uns das gern ersparen wolle.

Zuerst war sie mit ihren Eltern durch verschiedene Forstämter gezogen, seit 1936 in Irland gewesen und von 1940 bis 1942 in Rumänien. Zuletzt kam sie ins Internat auf die Hermann-Lietz-Schule Hohenwehrda, bis sie 1944 mit dem »Notabitur« die Schule verließ, um zum Arbeitsdienst verschickt zu werden.

Wenn unser Vater nicht auf Reisen war, weckte er uns morgens. Er machte das Frühstück, kochte für sich und uns Porridge. Er formte ihn auf dem Teller zu einem Kuchen, bestrich ihn mit Butter und streute Zucker darüber, bevor er ihn systematisch von der einen zur anderen Seite aufaß. Wir saßen ihm gegenüber und machten es genau wie er. Warum wir ausgerechnet Porridge aßen, hat er uns nie erzählt.

Abends kam er meistens erst nach Hause, wenn wir schon schliefen. In einigen Wintern lief er mit uns Ski. Er zog uns auf der Piste die geschnürten Skischuhe aus, rieb uns die Füße warm, zog uns die Stiefel wieder an, schlang die langen, schwarzen, steif gefrorenen Bänder sorgfältig um die Häkchen und machte einen Doppelknoten.

Er hatte immer warme Hände. Ich konnte mir nie vorstellen, wo er Skifahren gelernt hatte. Er lächelte darüber, dass wir mit dem Skilift auf den Berg fuhren. Früher seien sie mit Fellen auf den Riesengebirgskamm gestiegen. Wo das Riesengebirge war, wussten wir nicht. Wir sprachen nicht viel miteinander. Nicht über Ideen, nicht über Ereignisse, nicht über Leute. Ich habe mich nicht richtig für ihn interessiert. Nicht für sein Leben vor meiner Geburt, nicht für seine Jugend, nicht einmal für das Leben, das er neben uns führte. Wir sahen ihn vielleicht mit den Augen unserer Mutter, die viel über ihn redete, weil er ständig weg war. Auch über die Geschichte seiner, meiner Familie wusste ich nur, was meine Mutter wusste und was zu wissen erlaubt war. Er war unser Vater, das lag wie eine Schablone über seiner Person.

Als ich klein war, wohnten die Eltern meines Vaters schon einige Zeit in einer Zweizimmerwohnung in Bayern. Dorthin wurde ich als Vierjährige für Monate geschickt. Ich schlief in einem Kinderbett in ihrem Schlafzimmer, was mir gefiel. Ich war das mittlere Kind zwischen meiner Schwester Anne und meinem Bruder Georg. Einzelkind zu sein war sehr erholsam. Niemand wunderte sich darüber, dass ich nach drei Monaten immer noch bei meinen Großeltern war, nicht einmal ich selbst. Hat meine Mutter ihr Kind nicht vermisst? Die Großeltern werden mir etwas von früher erzählt haben. Ich kann mich kaum daran erinnern. Sie hatten ein altes Fotoalbum, das ich betrachten durfte und später fast vergaß. Es gab darin Innenansichten eines Hauses. Ich weiß, dass sie damals mit wenig Geld auskommen mussten. Opa brachte mir das Schwimmen bei. Später war er herzkrank. Das kommt aus seiner Lagerzeit, hieß es. Ich durfte kurz vor seinem Tod, damals war ich sechzehn, das erste Mal in meinem Leben nach München fliegen. Er lag vollständig angezogen auf einer Liege im Wohnzimmer und sah nicht krank aus. Ich wusste nicht genau, was ich mit ihm reden sollte, und fürchtete mich vor seinem Sterben. Es hätte so viele Fragen nach seinem Leben gegeben.

»Wir haben alles verloren«, hieß es, wenn wir, selten, nach »früher« fragten. Aber stimmte das? Sie haben Dinge verloren, Eigentum. Ihr Zuhause. Vielleicht Ideen? Aber sie haben sich selbst nicht verloren. Oder doch?

In der alten Heimat meines Vaters riecht es heute natürlich anders, sieht es anders aus, klingt es anders als damals, vor sechzig Jahren.

Wie es wohl gerochen hat, als jede Heizung und jeder Herd mit Holz und Kohle befeuert wurden? So wie im Winter 1989/90 in der noch existierenden DDR, als wir die ersten Fahrten dorthin unternahmen? Zehn Jahre nach der Wende heizen die Menschen auch in Guttau mit Gas oder Öl.

Und wie roch es in der Fabrik?

Die Geräusche des Schwerverkehrs auf der Straße, die nach dem Krieg quer durch den Garten gebaut wurde, der neben dem Fabrikgelände lag, übertönen die Geräusche der Kindheit meines Vater. Was hörte mein Vater in diesem für ein Kind riesigen Garten mit Klettergerüst, Rundlauf und Baumhaus? Vogelgezwitscher, Kindergeschrei und Gelächter? Klang das rhythmische Geklapper der Spinnmaschinen und Webstühle aus den Fabrikationshallen herüber, in denen Wolle zu Garn gesponnen und Tuche hergestellt wurden, feste Militärtuche und Mantelstoffe? Was war durch die weit geöffneten Fenster des Zimmers zu hören, in dem sich das Kind mit den Lateinvokabeln abplagte? Welche Gerüche kamen aus der Küche, in der junge Mädchen unter der Regie seiner Mutter das Gemüse putzten, das morgens aus dem hinteren Teil des Gartens geholt wurde. Was hörte er, wenn er unter dem Tisch saß und die Erwachsenen sich über die Themen der Großen unterhielten?

Wir werden durch das fast zweihundert Jahre alte Elternhaus meines Vaters und über das Fabrikgelände geführt. An einer Seite des Wohnhauses gibt es eine Tür, die in einen Keller mit schöner Gewölbedecke führt. Er ist restauriert und zum Partykeller ausgebaut worden. An die Existenz dieses Kellers kann sich mein Vater nicht erinnern.

Er finde nichts aus seiner Jugend wieder, sagt er nach dem Rundgang, sagt es mit einer Stimme, die beklommen klingt, er habe keine Beziehung mehr zu diesem Haus, in dem er geboren wurde und das er von 1945 bis 1989 nicht besuchen konnte. Dort muss er eine nestwarme Kindheit verbracht haben, an die er sich sein Leben lang wehmütig erinnert hat und die ich mir nicht vorstellen kann. Er hat seine Heimat verloren, oder hat er sie mitgenommen? Hier ist sie nicht mehr. Ist damit auch sein Heimweh verschwunden?

Im ehemaligen Büro meines Großvaters, in dem jetzt der Geschäftsführer eines Weiterbildungszentrums am Schreibtisch sitzt, wird uns eine Broschüre gezeigt. Da sei auch unser Name erwähnt, sagt die Sekretärin des Geschäftsführers, und wir lesen:

> »Frau Weber wechselte ständig das Personal, sie schlug ihre Hausangestellten …«
> »Herr Hüllen war ein Nazi, der mit der furchtbaren Methode der Politik seine Leute ansporne …«

Ich sehe, wie mein Vater blass wird. Ich denke, er sollte sich vielleicht setzen. Mein Vater sagt: »Mein Papa war kein Nazi.« Mehr sagt er nicht. Er presst die Lippen zusammen, dass sie kaum noch zu sehen sind, und ich denke, dass ich nie etwas anderes gehört habe. Alles Nazigegner in meiner Familie, gute Menschen. Stolz sollten wir sein auf unsere bürgerliche Familie, auf Traditionen, auf Fäden, die Generationen zurückreichen. Mit einem Schlag erkenne ich, dass ich über meine Familie nichts weiß, dass alles, was ich über das Naziregime gehört und gelesen habe, nicht nur die anderen betrifft. Es betrifft auch uns. Mich!

Über meine Familie hieß es bisher nur, dass sie von dort hinten an der neuen, so ungerechten polnischen Grenze komme, die jetzt durch den Garten verlaufe und das Kinderparadies meines Vaters und seiner vier Geschwister zerschneide. Es sei gefährlich, dorthin zu fahren, hieß es zu Zeiten der innerdeutschen Grenze bei uns. Kapitalisten »von drüben« würden vielleicht eingesperrt. Als ich ein Kind war, reisten wir einmal aus dem Bergischen Land, wo wir damals wohnten, mit dem Auto nach Berlin. Auf der Fahrt dorthin sang mein Vater in einem sonderbaren Singsang: »Kiefern und Sand, Sand und Kiefern, Kiefern und Sand«, bis meine Mutter sich die Ohren zuhielt. Wir durften nicht sprechen, nicht einen winzigen Mucks tun, ohne dass die Eltern mit den Händen nach hinten wedelten, während wir am Grenzübergang Dreilinden kontrolliert wurden. Niemals hätten wir geglaubt, dass man wenige hundert Meter Luftlinie von dort entfernt, hinter den schwarzen Kiefern, wohnen könnte.

Ich betrachte die Täfelung und das Parkett im Raum. Was hat er getan, mein Opa Carl Hüllen, der mir das Schwimmen beigebracht hat? Der aus meinen weit gespuckten Kirschkernen tatsächlich einen kleinen Kirschbaum zog, von dem er sagte, er denke immer an mich, wenn er ihn ansehe? Jetzt, in diesem Moment, überlege ich, dass ich vielleicht betrogen worden bin, all die Jahre belogen.

Wir gehen. Wir lassen das Elternhaus meines Vaters hinter uns und suchen den evangelischen Pfarrer auf. Es ist Juni, die Frau des Pfarrers schält Spargel. Sie wischt sich die feuchten Hände an der Schürze ab und meldet uns bei ihrem Mann an. Die Kirchenbücher, in die ich gern gesehen hätte, sind zur Mikroverfilmung ausgelagert. Dann fahren wir zum Mittagessen in ein Restaurant. Mein Vater isst wie gewöhnlich hastig. Beim Essen vergisst er zu atmen. Zwischen zwei Gabeln seines Bauernfrühstücks sagt er atemlos: »Mein Papa war kein Nazi. Meine Mama hat unserer Frieda noch jahrelang Päckchen geschickt.« Mehr will er nicht dazu sagen. Wir übernachten nicht. Auf der Rückfahrt stelle ich Fragen. Ich bohre meine Fragen in den Kopf meines Vaters. Irgendwoher müssten diese Informationen doch stammen. Es müsse doch etwas dran sein. Ob sein Vater Parteimitglied gewesen sei. Was er von der Ermordung der Juden gewusst habe. Von der Kristallnacht. Mein Vater sagt, seine Eltern hätten nichts davon gewusst. Sie hätten da oben auf einer Insel gelebt. Sein Vater habe fast nur jüdische Kunden gehabt und immer gut mit ihnen zusammengearbeitet. Sein Großvater Hanns Weber, ja, der sei ein früher Anhänger der Nazis gewesen, aber schon 1935 habe er denen sein goldenes Parteiabzeichen vor die Füße geschmissen. Ich solle ihm seine Ruhe lassen. Er wisse nichts und sein Papa sei kein Nazi gewesen. Er selbst sei damals in eine Hermann-Lietz-Schule gekommen, so wie seine Brüder, um nicht auf eine Napola geholt zu werden. Dort sei es wie auf einer Insel zugegangen. Noch eine Insel. Seine Mutter habe das Mutterkreuz bekommen. Im Stadttheater. Von einem Goldfasan. Aber sie selbst habe damit nichts zu tun gehabt.

Wir fahren die letzten hundertfünfzig Kilometer schweigend zu Robert und den Kindern zurück.

Mein Vater reist am nächsten Tag ab.

Wochen später stelle ich meine Fragen am Telefon erneut, weil sie mir keine Ruhe lassen. Ich kann nicht mehr richtig schlafen. Ich fühle mich verraten. Ich lese ein neu erschienenes Buch mit dem Titel »Opa war kein Nazi« und denke: genauso! Genauso geht es mir. Da fehlen die Puzzleteile, aber nein, sie fehlen nicht, sie liegen auf der Hand und ich habe sie nie betrachten wollen und jetzt hält die Hand sie mir immer fordernder unter die Nase. Es ist doch lächerlich, denke ich, ich habe gut gelebt, ohne zu wissen. Aber ganz sicher bin ich mir dessen nicht.

»Es ist mir wichtig«, sage ich am Telefon zu meinem Vater. »Sind es lauter Lügen, die da verbreitet werden? Von Kommunisten, die noch nach sechzig Jahren den damaligen Eigentümern der Tuchfabriken in Guttau eins auswischen wollen? Ist es vielleicht nur eine andere Sicht auf die Geschichte?«

»Mein Papa«, höre ich meinen Vater schwer atmend sagen, »mein Papa war kein Nazi!«

Ich stelle mir vor, wie blass er wieder ist. Wie seine Lippen sich bläulich verfärben, wie er langsam in die Knie geht, wie er seitlich wegrutscht und hart mit dem Kopf aufschlägt, wie das Telefon mit lautem Krachen auf dem Fliesenboden landet, wie er die Augen verdreht und nur noch röchelt, seine Frau mit dem Handy den Notarzt ruft, der nur noch den Tod feststellen kann, wie seine Hände langsam kalt werden, als ich endlich den Hörer auflege und mich entsetzt frage, warum ich etwas wissen will, was schon so lange her ist. Ich merke, ich muss aufhören, ihn zu quälen. Ich will nicht schuldig werden an seinem Tod.

Da verspreche ich ihm, nicht mehr zu fragen. Nie mehr.

Aber von nun an lese ich Zeitungen mit einem neuen Interesse und sehe mir Sendungen zu diesem Thema an. Ich lese anders. Ich frage meine Freunde, was sie von ihren Familien wissen, und stelle fest, dass die Versatzstücke aus den bürgerlichen Familien sehr ähnlich klingen. Ich merke: Es geht mich an. Warum hat das so lange gedauert?

Monate später nehme ich die Broschüre aus Guttau wieder zur Hand. Ich lese den Text sorgfältiger, rufe die beiden Autorinnen an. Mit einer spreche ich länger. Sie räumt ein, vielleicht nicht gerecht gewesen zu sein. Nach der Schließung der Fabrik in den frühen neunziger Jahren hätten sie mit so vielen verzweifelt weinenden, arbeitslosen Menschen gesprochen. Die hätten gedacht, es sei jetzt wieder wie bei den Nazis, den Alteigentümern, den Kapitalisten.

In der nächsten Zeit gebe ich wahllos Namen und Begriffe in die Suchmaschinen des Internets ein. Und plötzlich finde ich den Namen meines Urgroßvaters auf einer Website:

»17.12.1906: Gründung einer Ortsgruppe Guttau des Riesengebirgsvereins, der es sich zum Ziel setzt, die Verkehrsverbindungen ins Riesengebirge zu verbessern. Erster Vorsitzender wurde Fabrikbesitzer Hanns Weber …«

Diese seltsame Information wird der erste Faden zum Wollknäuel. Von da bis zur systematischen Suche ist es nur noch ein kleiner Schritt. Es hat ihn also wirklich gegeben, diesen Urgroßvater, denke ich ganz unsinnig.

Ich mache mich endlich auf den Weg. Doch an jeder Weggabelung muss ich Halt machen und mich wieder neu orientieren. Ich habe keinen inneren Kompass, kann nicht aus dem Bauch entscheiden, wohin ich will. Es soll weitere eineinhalb Jahre dauern, bis ich, ganz in meiner Nähe, das Firmenarchiv finde. Das dort seit mehr als vierzig Jahren lagert. Seit zehn Jahren hätte ich es finden können. Wenn es mir darum gegangen wäre.

Datum: 21. Oktober 11:54
Betreff: Lieber Vater
Das Wochenende haben wir mit allerlei Verpflichtendem, aber auch Vergnüglichem verbracht. Unsere Tochter Carlotta kam gestern früh um acht mit ihren Gasteltern und der Gastschwester aus dem Autozug gekrochen. Sie waren zwei Wochen in Italien. Alle haben hier gefrühstückt und ich bekam Geschichten aus erster Hand, noch ganz frisch. Sie haben Oliven und Stachelschweinstacheln mitgebracht. Hanna war am Samstag mit ihrer Patentante verabredet. Sie wurde gerade nach Hause gebracht, als du anriefst. Deshalb hatte ich keine Ruhe. Entschuldige. Robert war das ganze Wochenende bei seinen Eltern, die sich freuten, ihren Sohn mal wieder ganz für sich allein zu haben.

Ich bin am letzten Samstag zu deinem alten Schulfreund und Exschwager, meinem Onkel Wolf, gefahren und habe mit ihm in Familienakten gegraben und ganz erstaunliche Sachen gefunden. Ein Briefwechsel von 1941 zwischen einer Tante und meinem Großvater Otto über landwirtschaftliche Fragen hat mich besonders interessiert. Ich zerbreche mir den Kopf darüber, warum dieser mir immer als so eigenständig und weltoffen geschilderte Mann 1939 in die NSDAP eingetreten ist. Jedenfalls steht das in einem Buch, das der Ire David O'Donoghue über die Deutschen geschrieben hat, die bis zum Kriegsbeginn in Irland waren, und das mir kürzlich in die Hände fiel. Du erinnerst dich, wir sprachen neulich darüber, dass ich nicht nur über deinen, sondern auch über Mutters Vater erfahren musste, dass er Nazi gewesen sein soll. Mein Großvater Otto, also Mutters Vater, war ja mit Frau und Kindern seit 1936 in Dublin. Dort gab es wohl eine gut funktionierende Auslandsortsgruppe der NSDAP.

Neulich habe ich mit einem Bekannten, der sein Leben in der DDR verbracht hat, lange darüber gesprochen. Wir haben uns vorgestellt, dass die meisten Menschen zur Art der gemeinen Mitläufer gehören und sich im Zweifel um ihr persönliches Wohl kümmern und um nichts anderes. Aber wäre man wirklich bei einem höflichen Nein ins KZ gekommen, hätte man wirklich an Leib und Seele Schaden nehmen *müssen* oder hätte man *nur* (!) Nachteile im beruflichen Fortkommen erlitten? Und wie war diesem Besuch mit meiner Familie?

Aber ich habe mir und dir ja versprochen, dich nicht mehr zu fragen, seit ich gemerkt habe, wie sehr du dich über meine Fragen am Telefon aufgeregt hast, Fragen, die sich mir plötzlich stellten, nachdem wir dein Elternhaus besucht hatten. Es war schon eine hässliche Überraschung, in der Broschüre über die Tuchstädte zu lesen, dein Papa sei Nazi gewesen. Wo ich doch immer nur Gutes über ihn erfahren habe.

Onkel Wolf, der als Zwölfjähriger aus Irland nach Deutschland zurückkam, sonst ja nicht so gesprächig, war sehr aufgeschlossen und hat mir viele Geschichten aus meiner mütterlichen Familie erzählt. Ich überlege, ob ich diesen Besuch demnächst wiederhole.

Übrigens war Carlotta mit einer jüdischen Familie in Italien, und mir krampft sich das Herz zusammen, wenn ich mir deren Tochter, die genauso alt ist wie unsere, mit einem gelben Stern vorstelle und allem, was damit zusammenhing.

Oder wenn durch einen Zufall der Geschichte unsere Kinder mit dem Stern hätten herumlaufen müssen.

Dann bin ich mir sicher, dass es richtig ist, sich mit diesen Dingen zu beschäftigen.

Ansonsten laubt es auf unserem Waldgrundstück nur so herum.

So, das war, etwas durcheinander, das Neueste von uns.

Ich hoffe, ihr seid gesund und munter.

Viele Grüße von deiner Tochter

Nachdem ich die Mail an meinen Vater geschickt habe, ruft er mich an und fragt, wie es so geht und ob alle gesund sind und spricht über seine Gesundheit und dass das Wetter herbstlich und schön ist und ich frage ihn nichts. Ich habe Angst, dass er sich wieder aufregt, und stelle mir vor, er wird die Mail vielleicht einfach löschen, sie ignorieren. Ich weiß nicht, was ich denken soll.

Datum: 27. Oktober 9:12
Betreff: Warum sagst du nicht, dass eine Mail an mich im Briefkasten liegt?
Liebe Tochter!
Warum hast du am Telefon nichts gesagt? So fand ich deine Nachricht erst eben. Hab Dank für das Neueste.

Zu deinem Erstaunen, dass dein Großvater Otto 1939 in die NSDAP eingetreten ist, hier meine Meinung:

Warum könnt ihr nicht verstehen, dass damals keiner, oder vielleicht auch nur ganz wenige, etwas davon wussten, was sich in den Konzentrationslagern abgespielt hat. Mein Vater ist mit Franz Windweh, Leiter der Hermann-Lietz-Schule Ettersburg, durch die Wälder gegangen und hat über Buchenwald gesprochen, das so nah war. Dr. Andresen, der Oberleiter, ist in die NSDAP eingetreten, weil er die Internate retten wollte. Er war kein Nazi.

Otto, der Vater deiner Mutter, war begeisterter Deutscher,

der sofort bei Kriegsausbruch aus Irland heim ins Reich geeilt ist, um seinen Beitrag für den Sieg des Krieges zu leisten, und ist eben darum Parteimitglied geworden.

Meinem Vater, bestimmt ebenso weltoffen wie mein Schwiegervater Otto, er sprach fließend Russisch, Französisch, Englisch wohl auch, ewig auf Reisen in ganz Europa, hat man 1942 die Tuchfabrik zugemacht wegen Wollknappheit, weil es genügend alte Parteimitglieder und Tuchmacher gab, deren Fabriken erst später dann auch geschlossen wurden. Zum Beispiel die Firma Kehrl, Cottbus: Wehrwirtschaftsführer bei den Nazis.

Kurz davor ist mein Vater in die Partei eingetreten, um den Betrieb zu retten. Als Treuhänder der Deutschen Bank hat er sich nach Seifhennersdorf bei Zittau geflüchtet und dort zwei Betriebe geleitet. Später dann beim Russen traf er in Buchenwald den Vorstandsvorsitzenden der Deutschen Bank. Dessen Aufgabe war die Säuberung der Latrinen! Da Papa Russisch konnte und schon in den vier Jahren in Russland von 1914 bis 1918 während seiner Internierung wohl gut im Organisieren war, hat er mehrere Mitgefangene vorm Verhungern gerettet, so auch den ehemaligen Vorstandsvorsitzenden. Ob die schon 1945/50 etwas vom Holocaust wussten? Ich glaub es nicht. Übrigens sind im Lager Buchenwald nach dem Krieg achtzig Prozent der Gefangenen verhungert.

Das hat aber noch nichts damit zu tun, warum unsere Väter Parteigenossen wurden, du kannst auch Nazis sagen. Keiner von euch kann sich in die Situation unserer Väter hineinversetzen.

Wir Jungen waren natürlich begeisterte Hitlerjungen, meine Schwester Benita hohe BDM-Führerin. Ich fast auf der Adolf-Hitler-Schule. Nur die Hermann-Lietz-Schule hat mich davor gerettet – und meine schlechten Augen.

Du hast die Quelle wieder zum Fließen gebracht. Wenn du also wieder einmal etwas hören und von mir erfahren willst, dann bitte.

Ich weiß gar nicht, ob unser altes Gästebuch bei meiner Schwester Benita ist. Der Mann unserer Tante Milli hatte

Korps-Schmisse im Gesicht. Er hat bei Besuchen Ergüsse ins Gästebuch geschrieben. Dafür hätten die Russen ihn auch eingesperrt, aber in Hannover gab es keine!

Jetzt fällt mir noch ein, dass mein Vater nach der Kristallnacht aus Berlin kam, wo er oft zu tun hatte. Selten habe ich als Kind meinen Vater so gesehen. Man war aber völlig hilflos!!

Übrigens, die meisten der Firmenkunden waren Juden. Es gab viele Tage in der Woche, an denen Gäste bei uns am Tisch waren. In Restaurants ging man noch nicht. Ich habe darum irgendwelche Aversionen gegen Kunden überhaupt nie gekannt.

So, nun habe ich genug geredet.

Frag gelegentlich, wenn du willst. Es wäre zu schade, wenn wir auch Positives aus dieser Zeit mit ins Grab nehmen würden und ihr nur glaubt, wir wären allesamt Unmenschen gewesen. Viele, aber nicht alle.

Bleib gesund und lass es dir gut gehen und dich grüßen vom Vater

BDM-Führerinnen, Hitlerjungen? Meine Tanten und Onkel?

Ich suche die Seite von Buchenwald im Internet. Achtzig Prozent der von den Russen dort nach 1945 eingesperrten Insassen verhungert?

»Im Juli/August 1945«, lese ich, »wurde das von den Amerikanern befreite KZ Buchenwald der sowjetischen Militäradministration übergeben. Diese richtete das Speziallager Nr. 2 dort ein. Sie sperrten große und kleine NSDAP-Mitglieder ein, aber auch Unschuldige.« Seit 1997 gibt es auf dem Gelände des Lagers eine Ausstellung über die Zeit zwischen 1945 und 1950, und es herrscht, wie der Historiker Alexander von Plato es nennt, ein Kampf der »Opferkonkurrenten«.

Ich finde die Zahlen der Gefangenen und der Gestorbenen bzw. Ermordeten: 28.500 Gefangene und davon 7113 Tote. Fünfundzwanzig Prozent, nicht achtzig, Vater, denke ich.

Kennt er die genauen Zahlen nicht oder warum übertreibt er so schamlos?

Datum: 27. Oktober 17:05
Betreff: Re: Warum sagst du nicht, dass eine Mail an mich im Briefkasten liegt?
Lieber Vater!
Vielen Dank für deine Mail. Vielen Dank für die vielen Antworten. Für mich seid ihr nicht »wir«. Du bist nicht dein Vater. Dein Vater war schon lange erwachsen und deshalb stelle ich an ihn andere Fragen als an den damals kleinen Jungen, der keinen Einfluss auf die Geschichte hatte. So stelle ich auch an meinen Großvater Otto andere Fragen als an seine beiden Kinder, die erst 1925 und 1926 geboren wurden. Ihr wart ja bei Kriegsende noch nicht mal volljährig.

Bei meinen Recherchen finde ich nur persönliche Lebensgeschichten. Zum Beispiel die Lebensgeschichten meiner Großväter Carl und Otto und die der Großväter meines Mannes. Die wesentliche Frage scheint mir zu sein, ob es möglich gewesen wäre, Einfluss auf die Geschichte zu nehmen. Alle diese Leute und viele ihrer Kinder sagen: Nein, der Einzelne hatte keinen Einfluss. Ich lese wieder die unveröffentlichten Lebenserinnerungen von Mutters altem Freund Hermann, der als so genannter »Halbjude« bis zum Ende des Krieges in der Wehrmacht nicht Offizier werden konnte und hinterher drei Jahre in russischer Gefangenschaft war. Als er den Russen damals erklärte, er sei jüdisch, glaubten die ihm nicht. 50.000 Reichsmark Schmiergeld, die sich sein Vater bei guten Freunden zusammengeliehen hatte, verhalfen ihm zum Verbleib in seiner Kompanie, sonst hätte er in die Organisation Todt gemusst, was, wie ich gelesen habe, ein regelrechtes Himmelfahrtskommando war. Sein Vater sei, schreibt Hermann, 1934 zähneknirschend in die NSDAP eingetreten, um seinen landwirtschaftlichen Betrieb für den Sohn zu erhalten und ihn vielleicht beschützen zu können. Alle sind zähneknirschend in die NSDAP eingetreten. Und Otto ist übrigens, habe ich in den Unterlagen gefunden, nicht heim ins Reich geeilt, weil er ein begeisterter Deutscher war, sondern er durfte mit der Familie nach dem 1. September 1939 nicht mehr nach Irland ausreisen, wo er damals als Forstmann arbeitete und wo er gerade ein Haus gekauft hatte. Im Haus waren das Mobiliar und alles, was der Familie sonst gehörte, und erst neun Jahre später, nach seinem Tod und nach der Währungsreform, wurde es von meiner Großmutter verkauft und der Haushalt aufgelöst und teilweise nach Deutschland verschifft. Otto war während seiner Zeit in Irland als Beamter beurlaubt gewesen und hat während des Krieges immer wieder versucht, sich aus dem Staatsdienst wegzustehlen. Von 1941 gibt es in den Unterlagen sogar einen Antrag auf Entlassung, dem nicht stattgegeben wurde. Sein NSDAP-Eintritt lässt sich für mich noch nicht erklären. Otto ist 1940 rückwirkend zum 1. September 1939 eingetreten. Vielleicht finde ich ja den Grund noch. Konnten Beamte verpflichtet werden?

Wenn ich mich also bemühe, dies alles historisch einzuordnen, dann muss ich wahrscheinlich weiter zurückgehen. Könnte es nicht sein, dass die Bewohner eines Landes, in dem seit fünfzehn Jahren kein Herrscher mehr über das Wohl seiner Untertanen bestimmt, nach einigen hilflosen Demokratieversuchen verzweifelt nach dem starken Mann suchen? Und dann nicht wissen, wie sie die Geister, die sie riefen, wieder loswerden sollen? Dass Anpassung und Kopfeinziehen noch so eingeübt sind, dass diese Verhaltensweisen instinktiv angewandt werden? Dass es nur wenigen gelingt, sich dem Sog dieser Anpassung zu entziehen?

Ich habe gerade das Buch von Cornelia Schmalz-Jacobsen bestellt, deren Eltern im Dritten Reich gesagt haben sollen: »Lieber tote Eltern als feige Eltern.« Mal sehen, was da außerdem noch drinsteht.

Und Imre Kertész behauptet in einem Interview mit der »Zeit«: »Es ist unmöglich, dass es 1944 in Deutschland einen Jungen gab, der nichts wusste. Meiner Meinung nach ist das eine historische Lüge. Die ist mir in Deutschland jedoch selten begegnet. Ich meine, die deutschen Intellektuellen haben gewonnen durch die Auseinandersetzung mit der Vergangenheit, sie sind reicher geworden.« *Ich* höre immer nur, dass keiner etwas Genaues gewusst hat.

Es gibt also auch die andere Seite. Ich beschäftige mich jetzt noch so lange mit diesen Fragen, bis ich mir eine eigene Meinung bilden kann, und da sind alte Tagebücher und Lebenserinnerungen sehr nützlich.

Und wenn gestern in der Zeitung steht, dass drei Jugendliche in der S-Bahn mit »Sieg Heil«-Geschrei auf einen Nigerianer losgegangen sind und ihm eine Schnapsflasche im Gesicht zertrümmert haben, dann fühle ich mich in meiner Recherche und in meiner Beschäftigung mit diesem Thema bestätigt. Wehret den Anfängen! Aber was sind die Anfänge? Und was ist meine Aufgabe, was die meiner Kinder?

Eine wichtige Sache noch: Du schreibst, in Buchenwald seien (nach 1945) in russischer Gefangenschaft die meisten Gefangenen verhungert.

Dazu fällt mir im Moment nur ein:

Erstens wundert mich das nicht, wenn man bedenkt, wie die Deutschen gehaust hatten. Was erwarteten sie, nachdem sie bei dem Versuch gescheitert waren, die Welt zu erobern und dabei noch gleich »rasserein« zu machen?

Zweitens: Gleichbehandlung im Unrecht gibt es nicht. Wenn ich immer nur frage, wie viele Indianer und wie viele Sklaven die Amerikaner umgebracht haben und wie viele Menschen von Stalin ermordet wurden, hilft das zwar meinem Nachtschlaf, bringt mich der Wahrheit aber keinen Schritt näher.

Was mich manchmal wundert, ist, wie sehr du dich mit deinem Papa identifizierst. Das war doch auch nur ein Mensch mit guten und schlechten Eigenschaften. Der seine Fehler gemacht hat und Irrtümern aufgesessen ist, der in einer Zeit gelebt hat, nach der er sich später befragen lassen musste.

Da haben wir vielleicht mehr Glück. Wirklich? Auch heute gibt es Entscheidungen, für die man uns später verantwortlich machen wird: Umweltfragen, Fragen nach politischen

Entscheidungen, zum Beispiel über einen Krieg gegen den Irak, Asylthemen ... Und nicht zuletzt für unseren Umgang mit dem Holocaust und dem letzten Weltkrieg.

Es sei dir natürlich unbenommen, jede dieser Mails zu löschen. Ich fände das zwar bedauerlich, aber wenn du die Auseinandersetzung mit mir über dieses Thema scheust, müsste mir das auch recht sein. Es soll deine Gesundheit jedenfalls nicht beeinträchtigen. Ich finde schon andere Leute, die das, gerade weil sie mir nicht so nahe stehen, besser aushalten. Immerhin weißt du, was mich umtreibt.

Viele liebe Grüße von deiner Tochter

Mari

Und wieder wage ich nicht, ihn auf diese Mail anzusprechen, als er mich anruft und wir Alltägliches über Gesundheit, die Kinder und das Wetter austauschen. Ich habe ein schlechtes Gewissen, dass ich ihn nicht in Ruhe lasse und ihm das provozierende Zitat von Cornelia Schmalz-Jacobsen geschrieben habe. Ich fordere ihn heraus, das ist Unrecht, er ist ein alter Mann, aber ich kann nicht anders.

Was würde ich tun, lieber sterben als feige sein?

Ich, die ich schon Abenteuer meide. Körperliche Strapazen. Die es gern warm hat und schon mal bei Licht schläft. Die Türen weit offen lässt. Die täglich die Unterwäsche wechselt. Die gern ein Bad nahe bei ihrem Zimmer hat. Ich, die ich Lebensmittel nur esse, wenn sie ganz frisch sind, beim Zahnarzt tausend Tode sterbe. Tausend Tode? Da wäre schon ein einziger angedrohter Tod zu viel. Eingesperrt werden? ... In Enge, Dunkelheit, Einsamkeit und Angst. Am schlimmsten wäre das Gefühl des Ausgeliefertseins.

Datum: 28. Oktober 16:07
Betreff: Deutschland nach dem Krieg
Lieber Vater,
hoffentlich hast du die Untersuchung, von der du sprachst, heil überstanden.

Bei meinen Recherchen ist mir ein neues GEO-Heft in die Hände gefallen, von dem ich mir vorstellen kann, dass es dich interessiert. Ich würde jedenfalls gern mit dir darüber sprechen. Es behandelt das Thema »Deutschland nach dem Krieg 1945–55«. Ich bin wohl nicht allein mit meinem Wunsch, ein bisschen genauer zu erfahren, wie das alles damals so war. Es ist schwierig genug, keine Pauschalurteile zu fällen. Aber es ist auch schwierig, sich eine Meinung zu bilden. Und so suche ich immer neuen Lesestoff zum Thema und beschäftige mich mit allen Facetten.

Viele Grüße von deiner Tochter
Mari

Ich fürchte mich davor, ihn zu verletzen. Er könnte den Kontakt zu mir abbrechen. Er könnte in Zukunft auf diese Tochter verzichten wollen. Ich fürchte, er wird mir nicht antworten. Warum lasse ich dann nicht locker? Im GEO-Heft steht ein Artikel von Karin Steinberger mit dem Titel »Gebrannte Kinder«. Vielleicht liest er den, denke ich, vielleicht fühlt er sich davon angesprochen. Dort wird der Kinderpsychiater Stefan Herza zitiert, der behauptet, die nationalsozialistische, kriegsvorbereitende Erziehung habe den Jungen abtrainiert, Gefühle zu zeigen. Er sagt auch, die Erwachsenen von damals hätten sich bis in die jüngste Zeit mit allen ihnen verfügbaren Mitteln gegen die Anerkennung einer eigenen Schuld gewehrt. Ich meine, keine Gefühle zu zeigen, gehörte schon lange vorher zum erklärten Erziehungsziel für Jungen in einer kriegerischen Gesellschaft, und dass Jungen nicht weinen dürfen, ist hierzulande heute noch gelegentlich zu hören. Weinen zu können bedeutet leiden – und mitleiden zu können.

Datum: 31. Oktober 19:12
Betreff: Ich musste erst ein paar Tage nachdenken
Liebe Mari,
wie schon im Betreff gesagt, schreibe ich erst heute an dich. Ich bin ja selber schuld, dass ich mich wieder eingeklinkt habe. Meine Generation ist wirklich der falsche Gesprächspartner für all die Fragen, die für deine Generation so wichtig sind. Übrigens, die Frauen sollten in der Zeit zwischen 1933 und 1945 Kinder kriegen, für den Nachschub an Soldaten sorgen, was ja bei meinem Freund Wolf und mir gelungen ist, die wir beide bei Kriegsende Fahnenjunker waren und schon vorher als Luftwaffenhelfer das Großdeutsche Reich verteidigen durften. Und als deine Oma das Mutterkreuz bekam, feierlich verliehen von einem Goldfasan, waren wir auch noch nicht volljährig.

Schluss, ich sende dir noch einen Ausschnitt aus der Süddeutschen. Eleonore Hertzberger gibt dir vielleicht Antworten auf deine Fragen. Sehr interessant wird jetzt eine Sendereihe über die SS im Fernsehen sein. Auch da wirst du Erkenntnisse sammeln können.

Aber zu persönlichen Dingen. Lernt meine Enkelin fleißig Einrad fahren? Musstet ihr auch die herbstliche Laubschlacht schlagen? Wie jedes Jahr war es hier wieder schlimm. Alles Blätter vom Nachbarn!

So, bis bald einmal. Grüße an euch alle vom
Vater

»Ich bin ja selber schuld, dass ich mich wieder eingeklinkt habe«, schreibt er mir.

Eleonore Hertzberger, eine Jüdin, hat ihre abenteuerliche Flucht vor den Nazis in einem Buch beschrieben, das »Durch die Maschen des Netzes« heißt.

»Erinnerung ist das Geheimnis der Erlösung«, sagt sie und deshalb reist sie herum und erzählt in Schulen aus ihrem Leben. Ich brauche solche Wegweiser. Wenn es sie nicht gäbe, würde ich denen glauben, die sagen, nach so vielen Jahren müsse die Vergangenheit ruhen. Mein Vater, denke ich, spricht vielleicht weiter mit mir, wenn ich ihm keine Verantwortung aufbürde. Wenn ich ihn entlaste von der vielleicht unbewussten Angst, er könne etwas damit zu tun haben.

Datum: 31. Oktober 20:15
Betreff: Lieber Vater
Vielen Dank für deine Mail. Hier ist alles lebhaft. Carlotta ist heute froh den Flur entlang Einrad geradelt. Zur Zeit sind die Kinder zum Halloweenbetteln unterwegs. Deshalb ist es im Moment sehr schön still hier!

Heute Morgen bin ich das erste Mal zu Angela, der Tochter deines Bruders Richard, nach Pankow gefahren. Sie ist jetzt hierher gezogen. Ich kannte sie noch gar nicht. Ein ereignisreicher Tag. Angela finde ich interessant. Sie ist Keramikerin.

Willst du mir etwas über die erste Frau deines Bruders Richard erzählen? Ich weiß fast nichts über sie. Mutter hat uns mal erzählt, er habe sie nach fast zehn Jahren Krieg und Gefangenschaft mit einem anderen Mann angetroffen. Sie habe gedacht, er komme nicht wieder. Sie hätten sich dann scheiden lassen. Später hat er Angelas Mutter geheiratet und die beiden bekamen Anfang der fünfziger Jahre dieses eine kleine Mädchen.

Und: Was bedeutet eigentlich Fahnenjunker?

Wart ihr regelrecht eingezogen?

Habt ihr euch freiwillig gemeldet oder war das zu der Zeit gar nicht mehr die Frage?

Hat Opa Fremdarbeiter im Betrieb beschäftigen müssen?

Hatte Oma »Fremdmädchen« im Haushalt?

Was das Laub auf unserem Grundstück anbelangt, sprichst du ein wirklich düsteres und trauriges Thema an. Auf meiner Wiese und auch sonst überall wird es in seiner Schrecklichkeit nur von den dunkelgrünen Blättern an den Zweigen übertroffen. Den lieben langen Tag muss ich bei Kunstlicht leben. Diese Phase ist jedoch Ende Oktober vorbei und wir diskutieren zur Zeit: Wer muss fegen? Wer wollte eigentlich im Mischwald wohnen? Wir haben uns ja im Dezember entschieden hier einzuziehen. Da war alles hell und sonnig.

So, jetzt werde ich mal die Kinder aufkehren. Der Gatte ist auf dem Nachhauseweg.

Viele Grüße von deiner Tochter
Mari

Datum: 04. November 18:00
Betreff: Problem
Liebe Tochter,
immer wenn ich in den letzten Tagen ins Internet gehe, um nach eMails zu schauen, kommt deine letzte vom 24. Oktober, die ich längst beantwortet habe. Wer spinnt da wo? Kannst du mir eine kurze eMail schreiben, damit ich feststelle, ob dann vielleicht nicht nur die neue, sondern auch wieder die vom 24.10. eingeht?

Gruß,
Vater

Datum: 04. November 20:30
Betreff: Re: Problem
Das ist ja komisch mit den Mails. Also, hier ist eine vom 4.11. Heute war ich im Haus der Wannseekonferenz. Vielen Dank für die Zeitungsausschnitte. Nützlich.

Grüße von deiner Tochter
Mari

In der Bibliothek im Haus der Wannseekonferenz suche ich nach der Geschichte des Antisemitismus. Was weiß ich schon darüber? Die Mauer Holocaust ist hoch. Ich könnte auch ins Jüdische Museum fahren oder ins Zentrum für Antisemitismusforschung. Es sind die Nähe und, wie ich nach meinem ersten Besuch feststelle, auch die Freundlichkeit und Hilfsbereitschaft im Haus der Wannseekonferenz, die mich immer wieder dorthin fahren lassen. Aber es ist auch die beklemmende Schönheit dieser Villa am Wannsee, in der die so genannte »Endlösung der Judenfrage« beschlossen wurde. Heute dient sie als pädagogisches Zentrum. Die Ausstellung in der unteren Etage zeigt Fotos von der Durchführung der geplanten Ausrottung. Der Blick über den glatten, glitzernden See hilft nicht, das Grauen besser zu ertragen. Nach dem ersten Besuch meide ich die Ausstellung und gehe immer sofort nach oben. In der Mediothek finde ich die Literatur, die ich brauche. Neben mir sitzen Jungen und Mädchen, die mit ihrer Schulklasse für einen Studientag hergekommen sind und lärmend versuchen, in kleinen Gruppen ein ausgewähltes Thema zu bearbeiten. Sie stören mich nicht.

Einmal sehe ich in einem kleineren Nebenraum einen Videofilm über eine Frau, die feststellen musste, dass ihre Eltern Naziverbrecher waren. Was werde ich finden?

Ich will wissen, was ein Nazi eigentlich ist. Sebastian Haffner versucht in »Germany: Jekyll und Hyde« eine Definition. Er schrieb das Buch als Zeitzeuge zur Tatzeit, es erschien 1940 in der Emigration in London. An der Tatsache, dass jemand eine Hakenkreuzfahne aus dem Fenster hänge, erkenne man einen Nazi sicher nicht, sagt Haffner. Auch der Umstand, dass jemand einer der nationalsozialistischen Organisationen angehöre, sei noch nicht Grund genug, auf seine Gesinnung zu schließen. Die nationalsozialistische Gleichschaltung verlange eben, dass jeder, dem seine Arbeit lieb sei und der eine Familie zu ernähren habe, in eine der nationalsozialistischen Organisationen eintreten müsse. Die Ausübung mancher Berufe setze die Mitgliedschaft in der NSDAP voraus.

Zeitweise sei es sogar so gewesen, schreibt Haffner, dass Mitglieder oppositioneller Gruppierungen absichtlich in die Partei eingetreten seien, weil sie hofften, sie damit unterwandern und so Einfluss auf sie nehmen zu können. Echte Nazis seien schwer zu erkennen, sie seien Überzeugungstäter, die von den Zielen der NSDAP und ihrer Organisationen wirklich überzeugt seien und sich an den brutalen antisemitischen Verfolgungen beteiligten. Besonders verwerflich aber seien die Methoden, mit denen die Nazis das Gewissen ihrer Kinder abzutöten suchten, um eine mitleids- und gewissenlose neue Generation heranzuziehen.

Datum: 08. November 11:24
Betreff: Diverse eMails
Liebe Tochter,
es muss etwas verstopft sein bei meinem PC! Deine eMail vom 24.10. kommt immer wieder! Heute Morgen entdeckte ich zwei Mails von dir und dann kam noch die von soeben. Ich habe mich durchgearbeitet und antworte auf das Wesentliche:

Also ist Angela wirklich in Berlin. Meine besten Wünsche begleiten sie. Wenn du nach der ersten Frau ihres Vaters fragst, Annelore, so war es eine Kriegsheirat. Du weißt, wir waren fünf Kinder. Erst kam Richard 1920, dann Benita, danach Georg, dann Elisabeth, zuletzt ich 1926. Eigentlich wollte mein Bruder Georg Annelore ehelichen, aber der Krieg raffte ihn schon am zweiten Tag des Polenfeldzuges hinweg. Daraufhin hat Richard sie geheiratet. Es waren verrückte Zeiten.

Nach Rückkehr meines ältesten Bruders Richard aus fünfjähriger Gefangenschaft war auch die Ehe zu Ende und er heiratete irgendwann als zweite Frau die Mutter von Angela. Enge Kontakte zwischen ihr und meinen Eltern gab es nicht, obgleich sie, glaube ich, nur wenige Kilometer voneinander entfernt wohnten. Ich selbst kann gar nichts über sie sagen. Sehr geschätzt war sie bei meinen Eltern wohl nicht.

Ich meldete mich freiwillig zur Luftwaffe, wurde auch trotz Brille genommen. Zum Ende der Kriegsschule Fürstenfeldbruck –1944 fast ein Jahr lang –, nach der fliegerischen und übrigen Ausbildung, die wie ein kleines Studium war, wurde man befördert: Gefreiter, Fahnenjunker, Unteroffizier. Dann wurde man Leutnant. Einige hat man sogar noch in der Gefangenschaft befördert. Schmarren!! Auch Wolf, der Bruder deiner Mutter, hat sich, so meine ich, freiwillig gemeldet. Wir wollten doch helfen, den Krieg zu gewinnen. Soweit ich weiß, hat mein Vater keine Fremdarbeiter beschäftigt. Das war aber wohl sein Problem mit Buchenwald. Nachdem der Betrieb geschlossen worden und er nach Seifhennersdorf gegangen war, hat man in den leer stehenden Hallen der Fabrik ein Materiallager eingerichtet und in einem der Räume eine Fremdarbeiterunterkunft.

Im Haushalt meiner Mutter war jahrelang Frieda beschäftigt. Du warst ja dabei, als ich in Guttau lesen musste, dass unser Mädchen nichts zu essen bekam und geschlagen wurde!! Meine Schwester hat noch jahrelang mit Frieda Kontakt gehabt und gemeinsam mit Oma Päckchen in die DDR geschickt.

Herzliche Grüße,
dein Vater

Mein Vater wollte noch 1944 helfen, den Krieg zu gewinnen. Ich bin sprachlos. Welche Gehirnwäsche hat das vollbracht? Und warum spielte die Brille so eine große Rolle? Ich kann mir einfach nicht vorstellen, dass ein 17-Jähriger 1944 nicht gewusst hat, dass der Krieg verloren gehen würde. Wie erschrocken muss er nach dem Krieg über sich selbst gewesen sein. Hat er deswegen so viele Jahre geschwiegen oder haben wir nicht die richtigen Fragen gestellt? Und was hatte Großvater für ein »Problem mit Buchenwald«?

Datum: 27. November 9:33
Betreff: Diverse Zeitungsausschnitte
Liebe Tochter,
in der SZ sind in der Samstagsausgabe immer – meiner Meinung nach – recht gute Kurzgeschichten. Aus diesem Grunde sende ich sie dir per Büchersendung. Du hast dann immer noch die Möglichkeit, sie in den Papierkorb zu werfen. Auch für deine Erkenntnissammlung zur Kriegs- und Vorkriegszeit

ein kurzer Artikel über uns junge Soldaten. Findest du anbei. Neulich fragte ich dich am Telefon nach Jurek Becker und speziell nach dem von ihm geschriebenen Roman »Jakob der Lügner«. Ich hatte anfangs große Probleme, mich in dieses Buch einzulesen, es spielt in einem Ghetto. Inzwischen muss ich sagen, dass es mehr als lesenswert ist und besonders dir in der ganzen Art, wie er das Buch aufzieht, vielleicht gefallen würde. Das meine ich! Hast du es noch nicht gelesen, so schicke ich es dir gern.

Und auf weitere neue Fragen warte ich mit Interesse und Ungeduld. Von hier ist nichts Wesentliches zu berichten. Der »graue November« ist bis auf wenige Tage gut zu überstehen. Es gab die herrlichsten Föntage mit strahlendem Wetter, die Ilse nicht sehr gut bekommen, denn dann leidet sie erheblich unter Kopfschmerzen.

Lass dich und die ganze Familie herzlich grüßen von deinem Vater

Datum: 27. November 12:11
Betreff: Lieber Vater!
Vielen Dank für deine Mail.

Hier nimmt das Familienleben gerade wieder unverhältnismäßig viel Raum ein. Die Kinder lagern, mit Erkältungstee versorgt, glücklich vor dem Fernseher. Sie haben ein *wenig* Schnupfen. Dafür aber sehr starke Kopfschmerzen, die sie am regelmäßigen Schulbesuch hindern! Robert lebt mehr im Büro als Zuhause. Aber das ist Ende des Jahres immer so. In den ersten Jahren meiner Ehe habe ich das persönlich genommen, jetzt weiß ich, dass sich daran wohl nichts ändern wird. Ab Ende November wollen alle alles gleichzeitig von ihm.

Der Parkettleger ist gekommen, um die ehemaligen Ofenstellen mit altem Parkett auszubessern. In der Nachkriegszeit standen hier in jedem Zimmer ein Öfchen, die schwarze, verkohlte Stellen im Fußboden hinterlassen haben. Die Küche soll nun Anfang des Jahres nach hinten verlegt werden. Bin ich eigentlich völlig verrückt geworden? Gott sei Dank habe ich ja Hilfe, so dass ich hier am Computer sitzen und arbeiten kann oder mal schnell eine Mail schreiben. Trotzdem, trotzdem!

Ich lese viel zu meinem Thema.

Gestern war ein Film auf SAT1, den ich fasziniert gesehen habe. Spielt in Berlin: Ein alter Jude wird ermordet. Wer war es? Es stellt sich heraus, dass der Mann während der Nazizeit eine Gruppe von Untergetauchten verraten hat. Er dachte, sie würden *nur* ausgewiesen, doch alle wurden in Auschwitz ermordet. Viele Jahre später taucht ein überlebender Enkel eines der Verratenen auf und erpresst ihn. Der alte Jude, voller Schuldgefühle, unterstützt seit Kriegsende jede jüdische Organisation, derer er habhaft werden kann, und, hoch gläubig, überredet er seinen Sohn, der Arzt ist, ihn zum Zwecke der Sühne umzubringen ... Kommt dir vielleicht jetzt verworren vor. Ich fand am bemerkenswertesten, dass sich jemand überhaupt mit diesem Thema auseinander setzt und es ins Fernsehen bringt. Aber Werbeblöcke dazwischen, dass ich dachte, ich schmeiß den Fernseher aus dem Fenster!

Ich glaube, dass Menschen mit Schuld sehr unterschiedlich umgehen. Verdrängen, verleugnen, davon krank werden ist in Deutschland, glaube ich, sehr oft vorgekommen. Die Menschen müssen nach 1945 so entsetzt gewesen sein, dass das alles geschehen war. Da war Verdrängen erst einmal der beste Schutz.

Schreib mir doch mal, so viel dir einfällt, über deinen Vater. Die Eckdaten sind die eine Sache, aber sein Leben vor Guttau interessiert mich auch. Manches hast du mir schon erzählt und ich habe es wieder vergessen. Was er dir erzählt hat, was du sonst noch weißt und was Tante Benita weiß. Wäre schön. Du kannst es mir auch in kleinen Stückchen mailen, immer wenn dir etwas Neues einfällt. Ich drucke alles aus und sammle es. Seine Kindheit und Jugend, seine Ausbildung, seine ersten Jobs, der Erste Weltkrieg, alles, was du weißt. Auch Anekdötchen. Jede Kleinigkeit ist mir wichtig. Wie bei einem Puzzle.

Lies doch bitte »Der Morphinist oder Die Barbarin bin ich« von Tanja Langer. Und bitte schick mir »Jakob der Lügner«. Noch vor Weihnachten?

Viele Grüße an Ilse und dich von deiner Tochter

Mari

Es dauert Monate, bis ich verstehe, worum es in dem Film geht. Hier wurde einer des Mordes (?) schuldig, indem er die eigenen Leute verriet. Das muss doch Wasser auf die Mühlen derer sein, die immer schon alle Schuld weit von sich gewiesen und behauptet haben, sie hätten »nichts gewusst«. Warum brauche ich so lange, um das zu erkennen? Es bleibt ein Unbehagen über diesen Film, der manchen veranlassen wird zu sagen, man habe ja schon immer vermutet, dass die »eigenen Leute« an der Vertreibung und Ermordung beteiligt waren.

Datum: 28. November 18:41
Betreff: Lieber Vater!
Eben habe ich die Kurzgeschichte über Paul aus der SZ gelesen, die du mir geschickt hast. Ja, so sind Menschen miteinander. Erst denken sie, sie lieben sich, dann fangen sie an sich zu behacken und müssen sich immer weiter verletzen und können nicht damit aufhören.

Ich suche gleich mal die Informationen über die Tagung »Junge Soldaten im Zweiten Weltkrieg« im Internet.

Herzliche Grüße von deiner Tochter

Mari

Datum: 09. Dezember 11:19
Betreff: Diverse Zeitungsausschnitte
Liebe Tochter!
Mit der Post sind wieder Zeitungsausschnitte unterwegs. Wenn es dir zu viel wird, dann sag es mir. Wegschmeißen

kannst du es immer noch. So geht eine neue Sendung an dich ab. Mit den Begebenheiten über meinen Vater dauert es noch ein bisschen. Ich mache mir Stichworte, damit ich dann später geordnet berichten kann. Auch in meinen früheren Familienberichten ist eine ganze Menge enthalten. Ich will dir aber keine Mühe machen und wiederhole lieber noch einmal das über ihn Berichtete.

Uns geht es gut. Zum Geburtstag von Tante Benita sind wir in Nürnberg. Dann ist ja auch bald Weihnachten.

Viele Grüße von deinem
Vater

Auf der Suche nach den früheren Familienberichten finde ich wirklich einen Text von meinem Vater, den ich mal gelesen haben muss. Er enthält die Geschichten, die ich aus Erzählungen schon kannte. Ich kann mich nicht erinnern, sie gelesen zu haben. Habe ich mich so wenig dafür interessiert? Was ist mit meinem Gedächtnis los? Einige Tage denke ich, ich sollte das Projekt aufstecken, nichts mehr wissen wollen, mich nicht mehr meiner Neugier schämen müssen. Aber geht das überhaupt noch? Dann kommen weitere Zeitungsausschnitte, die mein Vater für mich gesammelt hat. Zwischen den Ereignissen in den KZs, den Todesmärschen, den Kindesmisshandlungen, den Ermordungen und dem Leben der jungen deutschen Soldaten, die ihr Land noch kurz vor Kriegsende verteidigten, finde ich meinen Großvater Carl Hüllen nicht, den Kaufmann und Tuchmacher, den Fabrikanten, den Einheirater, der anlässlich seiner Eheschließung 49 Prozent der Anteile an der Fabrik überschrieben bekam, während sein Schwiegervater Hanns noch fünfzehn Jahre lang die übrigen 51 Prozent hielt – und jede Entscheidung mittragen musste. Später übernahm der jüngste und einzige Bruder meiner Großmutter, Jürgen, diese 51 Prozent von seinem Vater, denn der älteste Sohn war im Ersten Weltkrieg gefallen. Ich habe noch keine Bilder im Kopf.

Datum: 09. Dezember 22.12
Betreff: Re: Diverse Zeitungsausschnitte
Lieber Vater,
nur eine kurze Nachricht, weil ich so viel zu tun habe. Vielen Dank für die Mail und »Jakob der Lügner«. Du musst keinen Roman schreiben. Ich habe nichts gegen Stichworte. Könntest du Tante Benita mal fragen, ob es möglich ist, die Fotos aus dem alten Familienalbum farbig zu kopieren? Ich bezahle es.

Lieben Gruß von deiner Tochter
Mari

Ich fange an, nach Antisemitismus im Kaiserreich zu forschen.

Welche Berufsgruppen und welche Vereinigungen waren besonders judenfeindlich? Ich lese, dass nach einer relativ langen Phase der Liberalisierung mit den wirtschaftlichen Folgen des Krieges von 1870/71 wieder heftige Ausgrenzungsversuche im Gange sind. Da sich viele Juden haben taufen lassen und sich durch Aussehen und Riten nicht mehr von den Christen unterscheiden, kommt die teuflische rassistische Variante in Mode. Ich habe meinen Vater gebeten, »Der Morphinist oder Die Barbarin bin ich« von Tanja Langer zu lesen, weil es von Dietrich Eckart handelt, einem morphiumsüchtigen Vordenker der Naziideologen. Ich hoffe, dass mein Vater sich bei der Lektüre vielleicht erinnert, was er in der Schule und bei den »Pimpfen« eingetrichtert bekommen hat.

Datum: 24. Dezember 09:00
Betreff: Lieber Vater
Alles schläft noch. Draußen liegt verheißungsvoll etwas Weihnachtsschnee. Heute Abend ist es so weit. Die Kinder haben sogar etwas für den Hund eingepackt. Sie können auf deinem fabelhaften Geschenkcomputer inzwischen Musik von verschiedenen CDs aufnehmen und neu mischen und dann wieder auf CD brennen. Ist das nicht unglaublich? Wir

feiern Silvester mit viel Musik. Da brauchen wir das!! Glauben wir!

Ich wollte dir nur noch schnell etwas zu dem Buch über den Morphinisten schreiben. Ich kann verstehen, dass es nicht deine Lieblingslektüre sein kann, wie du am Telefon meintest. Lies es nicht, wenn du es blöd findest. Ich lese es gerade auch noch einmal und manches nur diagonal. Manches wirkt sehr verwirrend. Ist es wohl auch, aber dieser Dietrich Eckart ist vermutlich ein konfuser Typ gewesen und aus seinen wirren Gedanken hat sich dann diese Theorie entwickelt, die die Nazis sich zu eigen gemacht haben. Das Buch hatte gute Kritiken, vermutlich weil die Frage, warum, warum bloß so viele Deutsche dieses Zeug so willig geglaubt haben, nie richtig beantwortet werden konnte. Ich bin auf genau derselben Suche. Ein aufgeklärtes und kulturell hoch stehendes (?) Volk (Volk?) hat einen Teil seiner Mitmenschen zu Nichtmenschen erklärt und umgebracht, nicht ohne vorher allerlei Quälprogramme einzubauen. Es gab keine Tötungshemmung mehr, nicht einmal gegenüber Kleinen, Alten, Frauen, Kranken. Darüber kann man nicht hinweggehen. Über das gegenseitige Töten von Männern in Kriegen wundert sich niemand. Aber hier sollte die halbe Welt erobert werden für die »auserwählte Rasse«, als ob da nicht Menschen zu Hause gewesen wären. Und überall, wo sie hinkamen, wurden die zu Nichtmenschen erklärten Bewohner exekutiert. Die Angehörigen dieses Volkes erklärten hinterher übereinstimmend, sie hätten nichts davon bemerkt und fühlten sich sehr schlecht behandelt. Viele hatten kein Unrechtsbewusstsein, kein Sühnebedürfnis. Oder sie schwiegen einfach.

Wie dünn ist das Eis, auf dem wir stehen? Könnte sich so etwas auch nur im Ansatz wiederholen, ist die Frage, die sich meine Generation stellt.

Vielen, vielen Dank für deine Hilfe und deine Bemühungen. Deine Unterstützung macht mich sehr froh.

Fröhliche Weihnachten von deiner Tochter

Mari

Datum: 24. Dezember 12.09
Betreff: Gruß aus dem Fastfrühling 8°+
Hallo Tochter,
weihnachtliche Gefühle muss man sich in Bayern dieses Jahr schon selber machen.

Dank für deine Zeilen. Das Buch von Tanja Langer habe ich noch nicht angefangen. Ich werde sehen, wie weit ich komme. Die Informationen über meinen Vater ergänzen sich täglich, das heißt Stichworte schreibe ich auf, wenn mir etwas einfällt. Es wird noch dauern, bis aus dem Gerippe eine »schlackenfreie« Zusammenfassung entsteht.

Fröhliche Weihnachten mit Grüßen an die Kinder, deinen Mann und den Hund!

Großvater, Vater, Hundefreund

Datum: 31. Dezember 08:48
Betreff: Re: Gruß aus dem Fastfrühling 8°+
Schnee, Schnee, Schnee, 2 Grad minus – und Schnupfen. Aber heute ist endlich Silvester, auf das die Kinder seit Wochen hinfiebern. Sie feiern mit ihren Eltern und Freunden ein Fest. Wie das wohl wird? Die Gäste reisen zum Teil mit der Bahn an. Jeder bringt einen Beitrag zum Büfett mit und, wer braucht, Knaller für Mitternacht.

Das Haus ist umgeräumt. Ein Bücherzimmer gibt's jetzt zur Straße und einen »Tanzsaal« im leer geräumten Wohnzimmer, das am 9. Januar sowieso einen Parkettabschliff bekommen soll. Die Restaurierung unserer Immobilie, für die ich ja mal zehn Jahre veranschlagt hatte, geht arg langsam vorwärts. Aber: Sollen wir das Leben derweil einstellen? Nein!

Wie geht es deiner Familiengeschichte? Ab Montag kann ich mich endlich wieder damit beschäftigen. Ich werde am zweiten Januarwochenende mit meinem neuen tragbaren Kopierer zu Onkel Wolf fahren und dort allerlei kopieren und mit dem Onkel sprechen, der wirklich sehr viel weiß. Bis dahin ist mein Schnupfen mit allen Nebenwirkungen sicher davongeflogen.

Jetzt auf den Markt und viel Brot beim Türken kaufen, dann die Kinder wecken und die letzten Vorbereitungen treffen: Gläser und Besteck hinstellen und Kerzen in die Halter. Schon seit gestern gibt es am Kühlschrank Klebezettel. Damit jeder weiß, was noch zu tun ist. Alle helfen tüchtig mit, dass alles klappt. Seid beide umarmt. Fürs neue Jahr vor allem Lebensfreude!

Deine Tochter Mari

Per Post:

03. Januar
Liebe Tochter,
nach den Feiertagen kehren langsam wieder geregelte Zeiten ein, obzwar es bei uns wenig Außergewöhnliches gab. Die Reise zu meiner Schwester fiel wegen Glatteis-Warnung aus, nur war hier und auf dem Weg keins! Schade, so musste Tante Benita mit ihren 17 (in Worten: siebzehn) Urenkeln allein feiern. Sie waren auf dem Weihnachtsmarkt und sind mit der Uroma Karussell gefahren. Bei einer Übertragung im Fernsehen glaube ich, sie erkannt zu haben. Ich sende dir ein Buch von Philip Roth. Ich habe von ihm schon eine Reihe gelesen, eins besser als das andere. Dieses soll das beste sein, liest sich gut, manchmal sehr realistisch, aber toll geschrieben, lesenswert.

Weiter aus meiner geliebten SZ zwei Literaturlisten aus dem vergangenen Jahr. Vielleicht auch schon etwas für die Kinder. Du musst mir wirklich sagen, wenn du meine Sendung gar nicht haben willst! Jetzt im neuen Jahr werde ich meine gesammelten Werke über meinen Vater in Angriff nehmen, etwas dauert es also noch.

Grüß die Familie, auch von Ilse und deinem
Vater

Datum: 03. Januar 23:13
Betreff: Lieber Vater
Hattest du mir zu Silvester noch eine Mail geschrieben? Hier ist nämlich nichts angekommen. Wir hatten ein rauschendes Fest mit glücklichen Halbwüchsigen und Erwachsenen. Vierzig. Die Kinder hatten eingeladen und haben auch die Begrüßungsworte gesprochen. Sie haben sich tapfer geschlagen. Das Haus ist ja hinterher immer ein bisschen verwüstet, und ich denke, es wird nicht mehr sauber, aber dann doch, mit vereinten Kräften, und das Glück des Feierns bleibt. Jetzt noch zwei jugendliche Gäste und dann am Sonntag mein letzter freier Tag, dann wieder Schule. Und ab Montag sitze ich wieder am Schreibtisch. Nett! Und ihr?
Umarmung, deine Tochter
Mari

Datum: 04. Januar 18:01
Betreff: SZ-Beilage
Lieber Vater,
heute kamen dein Buch und die SZ-Beilage. Vor allem das Buch freut mich. Hast du es gelesen? Es ist ja mehr dein Thema als meins. Philip Roth ist eine echte Empfehlung. Ich werde es gleich lesen. Montag wartet mein Schreibtisch auf mich und darauf freue ich mich ungemein.
Viele Grüße von deiner Tochter

In »Mein Leben als Sohn. Eine wahre Geschichte« beschreibt Philip Roth die schwere, zum Tod führende Krankheit seines Vaters mit der, wie er es nennt, »Ungeschicklichkeit meines Berufes« und hegt darüber die schwersten Schuldgefühle. Sie zeigen sich ihm in einem Traum etwa sechs Wochen nach dem Tod des Vaters. In dem Traum wirft der Vater dem Sohn vor, er habe ihm für alle Ewigkeit die falschen Kleider angezogen, keinen Anzug, sondern ein weißes Leichentuch. Und Philip Roth, der Schriftsteller, der alles, was er erlebt, in Literatur verwandelt, leidet darunter, in seinen Träumen auf ewig der kleine Junge zu sein, von seinem Vater gemaßregelt: Ich lese dieses Buch, wie zur Zeit alle Bücher, weil ich auf Antworten hoffe. Meine Informationen und eigenen Schlüsse daraus haben sich als falsch erwiesen. Habe ich je eigenständig denken gelernt? Alles wie Glatteis. »Mein Leben als Sohn« spiegelt mein eigenes Unbehagen wider, das ich empfinde, wenn ich über meinen Vater, meine Familie und mich schreibe.

Datum: 05. Januar 18:11
Betreff: Es ist vollbracht!
Guten Abend, Tochter!
Die Aufzeichnungen über das Leben meines Vaters sind fertig. Ich habe das zu Papier gebracht, was ich zu wissen glaube, dann ausgedruckt und für dich auf einer Diskette gespeichert, die ich morgen auf die Post bringen werde. Du willst doch wohl nicht, dass ich es maile? Wenn ja, musst du mir das sagen. Kann ich auch. Geh milde mit mir um, auch wenn es dir nicht gefällt. Falls noch spezielle Fragen, sag es.

Gruß, Vater

Datum: 05. Januar 19:41
Betreff: Re: Es ist vollbracht!
Wunderbar, aber warum nicht per Mail?

Gruß von deiner Tochter
Mari

Sehr milde ist das nicht, denke ich, als ich diese Mail mit einem Mausklick versendet habe. Sei doch froh, dass er das alles überhaupt macht! Warum so zickig?

Über das Leben meines Vaters Carl Hüllen

Seit Anfang der fünfziger Jahre heißen wir Hüllen-Weber. Nach dem Zweiten Weltkrieg hängte mein Vater an seinen Namen Hüllen den der verlorenen Firma an, denn unter den deutschen Tuchmachern und bei den Kunden in Europa kannte jeder den Inhaber der Tuchfabrik Weber in Guttau. Nach der Enteignung 1947 wollte mein Vater in den fünfziger Jahren im Schwarzwald noch einmal einen Betrieb aufmachen.

Carl W. Hüllen wurde am 18.08.1888 in Pfaffendorf bei Koblenz geboren. Sein Vater, der sehr früh gestorben ist, soll eine Kunstblumenfabrik gehabt haben. Es gibt da eine Verwandtschaft, die im Raum Düren/Jülich gelebt hat, aber auch Zweige, die ins französischsprachige Belgien, nach Vervier weisen. Er hatte eine Französisch sprechende Bonne, konnte darum fließend Französisch.

Carl hatte vier Geschwister, eine Schwester war mit einem Studienrat aus Leipzig verheiratet, eine mit einem Arzt aus Hannover. Über Jugendjahre, Schulbildung etc. weiß ich wenig. Zumindest konnte er Latein, also wird er wohl eine höhere Schule besucht haben.

Über seine Lehrzeit in Aachen als Tuchweber und Dessinateur weiß ich, dass er bei der Firma Draemann & Peil, einer jüdischen Firma, gelernt hat. Diese Firma hat es noch in den sechziger Jahren gegeben. Mit dem Enkel des Inhabers habe ich mich während meiner Tätigkeit in Aachen noch darüber ausgetauscht.

Carl ist dann nach Brandenburg zur Firma Kehrl gekommen, bei der er drei Aufgaben hatte: im Betrieb arbeiten, die Kinder von Gustav Kehrl bei den Schularbeiten und den Diener beaufsichtigen. Zu der Familie Kehrl entwickelte sich eine enge Freundschaft. Da gibt es die schöne Geschichte, dass Gustav Kehrl einmal gesagt haben soll, es muss Ende der zwanziger Jahre gewesen sein:

»Carl, lass deine Frau malen, schöner wird sie nicht!«

Die Familie muss seit dem Tod des Vaters in Dresden gelebt haben, das heißt Carls Mutter und die eine oder andere Schwester.

Aus der Tuchfabrik Kehrl bewarb sich Carl in Litzmannstadt, heute wieder Lodz, bei einer großen Spinnerei, die er als technischer Leiter führte. Die Zeiten müssen recht unruhig gewesen sein. Sein Chef meinte zu ihm, wenn er Angst habe, dann müsse er entweder nach Deutschland zurückgehen oder sich andernfalls unbedingt eine Pistole in den Schreibtisch legen.

Dort überraschte ihn 1914 der Krieg. Er wurde in Russland zivilinterniert. Wo genau er hinkam, weiß ich nicht. Zumindest lernte er dort von einem Mönch nach einer russischen Grammatik so gut Russisch, dass er in der Revolutionszeit quer durch Russland flüchten konnte, mit vielen inzwischen verdienten Rubeln. Während der Internierung hatten sie Korn zu Malzkaffee verarbeitet, Rinder und Schweine geschlachtet und deutsche Wurst verkauft. Daher die Rubel.

Dort hat er einen Freund gehabt, Gustewitsch, der ihn auch später, fast bis zu seinem Tod, immer irgendwie begleitet hat. Oder besser, Carl hat sich ihn immer als Mitarbeiter geholt, zum Beispiel in Seifhennersdorf, für Arbeiten, die er selbst nicht so schätzte.

Gegen Ende des Krieges, in der Revolutionszeit, muss Carl mit dichtem Bart wie ein Russe einen Begleiter bezahlt haben, der ihn durch Petersburg bis an die deutsche Grenze führte. Als Vorrat und Proviant ein Fässchen mit Wodka. Gustewitsch auf der Flucht immer dabei.

Zurück bei der Mutter in Dresden muss er in Liebe zu einer Französin entbrannt sein. Hier betrieb er direkt nach dem Krieg eine Dampffärberei, in der Uniformen umgefärbt wurden. Der Erfolg muss groß gewesen sein, denn er hat damit seine Familie gut ernährt.

Die Tuchfabrik Weber in Guttau lag ganz im Westen der Stadt, diesseits der Neiße. Mein Großvater Hanns Weber (Mari, dein Urgroßvater!) hatte sie von seinem Vater Friedrich, dem Stadtrat, geerbt. Friedrich Weber kam übrigens aus Thüringen und hatte in Guttau in die Tuchfabrik Hocker eingeheiratet. Später stieg er aus der Fabrik seiner Schwiegereltern aus und kaufte sich eine eigene Tuchfabrik. Hanns war das einzige überlebende Kind von Friedrich und Bertha Hocker; seine vier Geschwister waren alle schon als Kinder gestorben. Nach gründlicher Ausbildung, auch mit Aufenthalten in England und Frankreich, übernahm Hanns Weber von seinem Vater etwa 1895 die Leitung der Firma, hatte jedoch nie großes Interesse an dem Unternehmen mit nahezu fünfhundert Arbeitern. Er war ein Freigeist, Verfechter der Gedanken von Turnvater Jahn. Im weitläufigen Park gab es Reck, Barren, Kletterseil und einen Rundlauf. Wenn ihm alles zu viel wurde, setzte er sich in den Salon und las Goethe oder Schiller. Faust I soll er auswendig gewusst haben.

Seine Frau Elisabeth, genannt Lilli, lernte Hanns im Chiemgau beim Wandern kennen. Sie war die Tochter eines Universitätsprofessors aus Brünn. Das muss ein sehr gebildeter Mann gewesen sein, er soll fünf Sprachen gesprochen haben.

Vor dem Ersten Weltkrieg brannte die Fabrik völlig ab. Hanns wäre am liebsten in die Schweiz gegangen, um noch Germanistik zu studieren. Aber die Versicherung wollte die Summe nur auszahlen, wenn die Tuchfabrik wieder aufgebaut wurde. So beschloss Hanns Weber, der Forderung nachzukommen und mit dem Rückzug noch zehn Jahre zu warten, bis sein ältester Sohn Walter die Fabrik übernehmen könnte. Doch Walter fiel im Ersten Weltkrieg. So lebten 1918 noch die drei Schwestern Anna, Liesi und Rosemarie und der Nachzügler Jürgen, der erst 1905 geboren worden war, in dem alten Haus neben der Fabrik.

Jürgen kam ins Internat nach Ilsenburg, zu Hermann Lietz, einem engagierten Reformpädagogen, der kurz darauf starb, dessen Internate aber bis heute existieren. Es hätte noch Jahre gebraucht, bevor Jürgen den Betrieb hätte übernehmen können.

Schon zu dieser Zeit hatte Hanns in Hain im Riesengebirge ein geräumiges Haus gekauft, in dem die ganze Familie gut Urlaub machen konnte, später auch die zahlreichen Enkel.

Die ostdeutschen Tuchmacher pflegten damals einen engen Gedankenaustausch, so dass sich Vater Hanns mit der Familie Kehrl in Cottbus und der Familie Quandt in Wittstock in Verbindung setzte, ob sie ihm vielleicht einen geeigneten Nachfolger empfehlen könnten, spätere Heirat mit einer der Töchter nicht ausgeschlossen. Von Gustav Kehrl, dem väterlichen Freund Carls, kam der Hinweis, er könne guten Gewissens einen jungen Mann empfehlen, der ein ausgezeichneter Fachmann sei und auch viele Jahre bei ihnen in der Familie gelebt habe.

Ein erstes Kennenlernen wurde in Hain arrangiert. Dort im Riesengebirge lebte die Familie rustikal in einfacher Wanderbekleidung. Carl erschien in Cutaway und Lackschuh. Die drei Schwestern versteckten sich kichernd hinter Büschen. Schon beim ersten Besuch muss sich Hanns Weber mit dem »kleinen Hüllen«, wie er später in Guttau und der Branche hieß, einig geworden sein. Carl war nämlich einen Kopf kleiner als meine Mutter. Die älteste Tochter war schon verheiratet, die jüngste Tochter noch nicht heiratsfähig, so blieb Liesi übrig. Die Verlobung wurde schnell beschlossen.

Carl kam aus einer katholischen Gegend. Auf die Frage des Schwiegervaters, ob er nicht konvertieren wolle, meinte Carl, er sei Messknabe gewesen und bleibe katholisch. Wenn seine Kinder in dieser evangelischen Gegend aber evangelisch erzogen würden, habe er dafür Verständnis. Zu Pfarrer Sachs von der Guttauer Klosterkirche hatte er ein sehr gutes Verhältnis und mit seinem Schwager aus Stettin, dem evangelischen Konsistorialrat, verstand er sich immer gut. Nach gar nicht langer Zeit war Verlobung, acht Monate später, am 8. April 1920, dann Hochzeit. – Immer wieder die Acht! – Die Hochzeitsreise bestand aus einem Rundflug mit einem Doppeldecker auf dem Tempelhofer Feld.

Für den jungen Ehemann war es wichtig, zuerst den maroden Betrieb auf Trab zu bringen. Die Schwiegereltern zogen nach Hain. Das Haus in Guttau füllte sich nach und nach – zwischen 1921 und 1926 – mit fünf Kindern: Richard, Benita, Georg, Elisabeth, und zuletzt kam ich.

Die erste Amtshandlung von Carl bestand darin, den technischen Leiter und den kaufmännischen Leiter zu entlassen.

Bald darauf baute er am Schwarzen Fließ, einem kleinen Fluss, der durch das Betriebsgelände führte, ein Sechsfamilienhaus, das bei uns das Beamtenhaus hieß. Carl war der Ansicht, dass man nur gute Mitarbeiter bekommen könne, wenn man ihnen auch Wohnungen gebe. Seinen Prokuristen holte er sich aus der Pfalz, die früher ebenfalls ein Textilzentrum war. Er bekam im Nebenhaus eine prächtige Wohnung. Darunter wohnte der Gärtner mit seiner Familie. Auch der Appreteur wohnte dort, ein sehr wichtiger Mann im Betrieb; er kam aus irgendeiner anderen großen Textilfabrik in Deutschland.

Mein Vater besaß eine sehr gute Menschenkenntnis. Seine leitenden Mitarbeiter suchte er folgendermaßen aus: Wenn er mit den Qualifikationen eines Bewerbers einverstanden war, lud er ihn mit Ehefrau an einem Wochenende auf seine Kosten ein. Um den neuen Mitarbeiter kümmerte er sich gar nicht, stattdessen ging er mit der Frau im Park spazieren und zeigte ihr die Wohnung. Wenn sie auch nur andeutete, dass ihr die Wohnung oder die Gegend nicht gefiel, dann war der Bewerber für die Stelle ungeeignet. Carls Devise lautete: Ein Mitarbeiter, dem seine Frau zu Hause die Ohren volljammert, kann sich auch bei seiner Arbeit nicht wohl fühlen.

In Chemnitz wurde eine neue Turbine gekauft. Der Monteur, der den Einbau leitete, war anschließend viele Jahre lang Maschinenmeister bei uns, bis Kriegsbeginn.

Mit dem ersten Auto, das Carl kaufte, fuhr er bald in den Graben. Der Schwiegervater aus Hain hatte schon beim Beamtenhaus gesagt: »Carl, du wirst mit der Firma

Pleite gehen!« Nun meinte er, er selbst sei immer gut mit der Bahn gefahren. Carl fand, mit dem Auto sei er unabhängiger und schneller. Also wurde ein großer Opel gekauft, jedoch mit der Maßgabe, dass ein Monteur des Autohändlers nun auch in Carls Dienste trat. Herr Urban wurde Chauffeur und beinahe »Mädchen für alles«; viele Jahre hat er uns, fast zur Familie gehörend, begleitet. Als er starb, weinten nicht nur wir Kinder, sondern auch die Eltern.

Der Dessinateur und Webmeister der Fabrik hatte vorher eine Gefängnisstrafe abgesessen. Trotzdem stellte Carl ihn ein, weil er glaubte, einen geeigneten Mitarbeiter gefunden zu haben. So war es dann auch.

Die Firma Weber hatte schon vor dem Ersten Weltkrieg Uniformstoffe hergestellt. In den Guttauer Tuchfabriken waren aber früher als Spezialität Mantelstoffe hergestellt worden. So sagte sich Carl, er müsse nun auch Mantelstoffe fertigen. Die Konkurrenz machte den »kleinen Hüllen da hinten« bei den Kunden schlecht, wo sie nur konnte, und schimpfte auf ihn. Carl begann mit der Verarbeitung von Lambswool, damals wahrscheinlich als einer der Ersten. Damit konnte er die Floconnés, 1200 Gramm schwere Mantelware, noch schöner und vor allem billiger herstellen. Sein Ausspruch, wenn er Mitbewerber traf: Solange ihr über mich schimpft, bin ich immer eine Mark billiger. Carl war auch einer der Ersten, der Webstühle mit Einzelmotor kaufte, um damit von den Transmissionen, die von der großen Dampfmaschine angetrieben wurden, unabhängig zu sein.

Die Geschäfte gingen besser und besser, da entschloss er sich, eine neue Weberei zu bauen.

Sein Schwiegervater, der ihm zwar bei der Hochzeit 49 Prozent überschrieben hatte, hielt die anderen 51 Prozent und musste bei jeder großen Entscheidung gefragt werden. Er sah den Betrieb schon wieder Pleite gehen.

Viel weiß ich nicht über die Jahre vor 1933. Ich bin ja erst 1926 geboren. Unser Vater muss fleißig gearbeitet haben, seitdem er den Betrieb leitete. In die Familie Weber war er wohl voll aufgenommen. In Hain bestand eine der ersten Taten des Schwiegervaters darin, Carl auf Skier zu stellen. Das gefiel ihm so gut, dass wir alle fünf mit den Eltern, Herr Urban zu Fuß hinterher, manches Mal auf dem Riesengebirgskamm entlanggestiefelt sind – Skilanglauf schon damals, in den dreißiger Jahren. Die Skier für die Enkel baute mein Großvater im Sommer selbst. Aber auch Skiferien in Zürs, Arosa und im Walsertal erlebten wir. Übrigens war das im Ausland nur durch die vielen Exportkunden möglich, mit denen man Warenlieferungen gegen Bezahlung auf dortige Banken vereinbarte. Zu den Vertretern unterhielt man persönlichen Kontakt. Wenn sie nach Guttau kamen, ging man zum Essen nicht ins Lokal, sondern sie waren Gast im Haus. Nach dem Krieg kamen wiederholt Päckchen aus Holland, Schweden oder Griechenland. Die meisten der Kunden im Ausland waren Juden.

Mein Vater achtete sehr auf seine Gesundheit. Als er in Guttau anfing, lud man ihn ein, dem »Millionenclub« beizutreten. Es wurde eine vollständige Jagdausrüstung gekauft. Nach der zweiten Zusammenkunft, als er morgens mit verkatertem Kopf auf dem Bettrand saß, entschloss er sich, sofort wieder aus dem Club auszutreten. Man könne entweder saufen oder arbeiten!

Nachdem es mit dem Betrieb mehr und mehr aufwärts ging, seine Mitarbeiter und ab 1932 sein Schwager Jürgen ihn vertreten konnten, fuhr er jedes Jahr für drei Wochen nach Dresden auf den Weißen Hirschen in ein Sanatorium. Wenn ihm die Arbeit zu viel wurde, bat er seine Frau, sie solle für drei bis vier Tage den Koffer packen, bestellte Herrn Urban mit dem Wagen und sie fuhren Richtung Berlin los. Bei der ersten Kreuzung fragte Urban, wo er denn nun hinwolle. Carl sagte, das sei ihm egal. Darauf Urban, in Dresden hätte es ihm doch immer so gut gefallen, und so fuhren sie nach Dresden. Abends speiste er mit Urban im »Italienischen Dörfchen« und nach zwei Tagen fuhr er wieder zurück an die Arbeit.

Jedes Jahr verlebte die Familie mit Köchin, oft auch mit Urban, vier bis sechs Wochen in einer großen Etage in einer Villa in Warnemünde. Mein Vater kam uns wochenweise besuchen. Im Winter fuhren wir dann in die Ferien zu den Großeltern nach Hain.

Jeden Morgen pünktlich um sechs Uhr, wenn der Betrieb anfing, ging Carl von Abteilung zu Abteilung und hatte für die Meister ein offenes Ohr. Erst gegen acht Uhr kam er zum Frühstück, um anschließend eine halbe Stunde durch Park und Garten zu spazieren und ein Schwätzchen mit dem Gärtner zu halten.

Der starke Exportanteil erforderte viele Reisen in das europäische Ausland, Griechenland, Rumänien, Österreich, Schweiz, Schweden.

Einmal erlebte ich Folgendes: Um sich über die richtigen Farben der neuen Saison zu orientieren, ließ er sich in einem renommierten Hutgeschäft Berlins eine Reihe von Hüten zeigen, die ihm gar nicht passten, ließ sie alle einpacken und reiste nach Guttau zurück. Dort wurden die Hüte zerschnitten. In wenigen Tagen waren die ersten Garne fertig zum Weben.

Vor jeder Reise nähte einer der besten Schneider Berlins aus der neuesten Qualität einen Mantel, manchmal in hellen Kamelhaarfarben, die wir Kinder scheußlich fanden. Mit diesem Mantel besuchte unser Vater die Kunden. Eine der größten Kleiderfabriken Schwedens war »Molander«. Als er sie besuchte, wurde er mit den Worten begrüßt: »Wo haben Sie Ihre Kollektion?« Da holte er aus der Manteltasche acht Farbmuster und meinte: »Die Qualität sehen Sie an dem Mantel, den ich trage, und die besten Farben sehen Sie hier.« Mit Aufträgen von mehreren hundert Stück à fünfzig Meter ist er heimgekommen.

Von seinen Reisen, die ab 1933 genehmigt werden mussten, verlangten die Nazis Berichte. Nur dann bekam man überhaupt Devisen. Von jeder Reise behielt mein Vater kleinere Beträge in Fremdwährung zurück, um sie bei der nächsten Fahrt ins Ausland für die ersten Tage bereit zu haben. Es war aber bei den Nazis *streng verboten*, fremde Währungen zu besitzen. Eines Tages wurde die ganze Firma von der Zollfahndung abgesperrt. Wer ihn denunziert hat, weiß keiner, vielleicht die Konkurrenz. Eine Schweizer Lebensversicherung wurde daraufhin sofort gekündigt. Wenn man bei so Etwas erwischt wurde, dann wurde man mit dem Tode bestraft!

1936 kauften meine Eltern am Scharmützelsee ein Seegrundstück und bauten ein Ferienhaus, das massiv war, jedoch nicht überdimensioniert, für die große Familie ausreichend. Als Eigentümerin wurde meine Mutter eingetragen. Auch ein gebrauchtes Segelboot wurde gekauft. Der Sohn des ehemaligen Besitzers musste meinen großen Geschwistern das Segeln beibringen. Meine nächstältere Schwester Elisabeth und ich waren noch zu klein. Viele herrliche Wochen haben wir dort am See verbringen können.

Der Einfluss der Nazis wurde auf allen Gebieten immer stärker. Der Mann meiner Tante Milli, der Schwester meines Vaters, besuchte uns oft in Guttau. Er war Arzt in Hannover. Bei meiner Schwester Benita kann man im Gästebuch nachlesen, was er da so begeistert über die Nazis schrieb.

Carls Schwiegervater Hanns Weber war schon in den zwanziger Jahren in die Partei eingetreten. Er besaß ein Goldenes Parteiabzeichen und hatte an seinem Hainer Haus ein eingemeißeltes Hakenkreuz. Auf einer Geschäftsreise in Griechenland wurde Carl damals von einem jüdischen Kunden mit dem Satz empfangen, er habe gehört, der Seniorchef habe ein Hakenkreuz an seinem Haus im Riesengebirge. Carl müsse verstehen, dass er mit der Firma Weber unter diesen Umständen keine Geschäfte mehr machen wolle. Da brach mein Vater die Reise ab, fuhr nach Hain, sprach mit seinem Schwiegervater und hackte das Hakenkreuz mit dem alten Herrn gemeinsam ab. Hanns hatte sich ohnehin schon sehr über die Partei geärgert und trat nun aus.

Ich kann mich nicht erinnern, dass jemals bei uns die Hakenkreuzfahne geflaggt wurde, was sonst bei fast allen Häusern üblich war.

Wir Kinder wuchsen heran, der Älteste, Richard, war inzwischen in Ettersburg auf einer Hermann-Lietz-Schule. Mein Vater ließ uns frei und unbeeinflusst mit der Partei umgehen. So waren Benita und Elisabeth im BDM.

Ich als Jüngster war natürlich beim Jungvolk und wäre fast auf die Adolf-Hitler-Schule gekommen, meine schlechten Augen haben das verhindert. Um uns etwas Abstand von den Nazis zu verschaffen, wurden wir zur Hermann-Lietz-Schule geschickt, nach Richard auch Georg und danach ich. Der Oberleiter, Dr. Andresen, trug zwar das Parteiabzeichen, aber nur um zu verhindern, dass die Schulen von den Nazis einkassiert wurden. Ob er nun wirklich ein Nazi war oder nicht, darüber hat es viele Jahre lang heiße Debatten gegeben. Ich war später in Bieberstein in seiner »Schülerfamilie« und behaupte NEIN.

1939 brach der Krieg aus. Richard und Georg wurden Soldaten. Georg fiel am zweiten Kriegstag in Polen. Richard war schon als Sechzehnjähriger sehr dem (National-) Sozialismus zugewandt gewesen. Er kam nach dem Einjährigen als Lehrling in den Betrieb, duzte sich mit dem Chauffeur und den Meistern und trat mit achtzehn direkt in die Partei ein. Oft gab es danach Diskussionen mit dem Vater. Er ist erst in die Partei eingetreten, als dies vielleicht die einzige Möglichkeit war, den Betrieb zu erhalten.

Hier noch eine für Richard typische Begebenheit. Er hatte in der Weberei eine Freundin. Eines Sonntags spazierte unser Vater über den Hof. Da hörte er aus der Weberei einen Webstuhl klappern und entdeckte seinen Richard an einem Stuhl; bei Einzelantrieb ist das eben möglich. Er webte den Akkord seiner Freundin nach. Richard wurde vergattert, aber im Stillen wird Vater doch geschmunzelt haben.

Von Jahr zu Jahr wurde die Beschaffung von Wolle schwieriger. Der Exportabsatz brach ein. Betriebe, deren

Inhaber keine Parteimitglieder waren, liefen am meisten Gefahr, geschlossen zu werden.

1942 wurde die Tuchfabrik Weber dann auch wirklich geschlossen. Die Wehrmacht übernahm die leeren Hallen und baute eine Baracke für Kriegsgefangene, die nun in diesen Hallen arbeiten mussten, in denen ein militärisches Versorgungslager eingerichtet worden war.

Mein Vater ging mit meiner Mutter für die Deutsche Bank nach Seifhennersdorf bei Zittau und leitete dort als Treuhänder zwei Betriebe. In unser Wohnhaus zog die Schwester meiner Mutter, Rosemarie, mit ihrem Mann, dem Superintendenten, und ihren neun Kindern. Der Krieg rückte immer näher an Stettin heran, wo sie bisher gelebt hatten.

Richard war als Beobachter bei der Luftwaffe, Benita schon mit einem Offizier der Luftwaffe in Fürstenfeldbruck verheiratet. Meine Schwester Elisabeth befand sich als angehende Heilgymnastin unter der Obhut von einem Vetter meines Vaters, der an einer Leipziger Klinik Augenarzt war. Der Jüngste, ich, war als Luftwaffenhelfer in der Nähe von Kassel. So verbrachten wir den Rest des Krieges. 1944 wurde ich noch Soldat.

Die ersten Monate nach dem Krieg war mein Vater bei der russischen Kommandantur in Seifhennersdorf beschäftigt, bis er im September auf abenteuerliche Weise nach Guttau fuhr, um nach dem Betrieb zu schauen. Guttau war durch Artilleriebeschuss stark zerstört, die Firma, ganz im Westen der Stadt, kaum beschädigt.

Als er nach Seifhennersdorf zurückkehrte, wurde er dann sehr schnell festgenommen, denunziert von irgendjemandem in Guttau? Vier Jahre hörten wir nichts von ihm. Richard war übrigens in dieser Zeit ebenso in russischer Gefangenschaft, auch fünf Jahre.

Einmal gab es ein Lebenszeichen, eine Postkarte eines früher Entlassenen. Bei einer befreundeten Familie in Cottbus hatte meine Mutter einen Koffer mit dem Allernötigsten hinterlassen. Mein Vater wusste, wenn er freikam, war das die erste Anlaufadresse. Nach seiner Entlassung signalisierte er, dass er nun direkt nach Guttau gehen werde, um sich um den Betrieb zu kümmern. Daraufhin beknieten wir ihn, nach Berlin zu gehen, um von dort direkt in den Westen geflogen zu werden.

Was weiß ich aus seinen Erzählungen? Achtzig Prozent der Häftlinge sind verhungert. Seine Russischkenntnisse haben ihm das Leben gerettet. An der Wache brauchte man ihn als Dolmetscher. Anfangs war er in Ketschendorf bei Berlin. Der bekannte Schauspieler Heinrich George hat dort ab und zu den Mitgefangenen Szenen vorgespielt. Er ist aber sehr schnell gestorben. Verhungert!

Von einer besonders tragischen Situation hat er uns später einmal berichtet: Er saß mit einem Mitgefangenen zusammen, beide kahl geschoren. Auf seine Frage: »Wo kommst du denn her?«, antwortete der andere: »Aus Guttau!«

»Was hast du denn dort gemacht?«

»Ich war bei einer Tuchfabrik.«

»Und bei welcher?«

»Bei den Webers.«

Es war sein langjähriger Prokurist. Sie haben sich nicht erkannt!

In Buchenwald, nur wenige Kilometer von Ettersburg entfernt, wo seine Jungen die Hermann-Lietz-Schule besucht hatten, war der langjährige Vorstandsvorsitzende der Deutschen Bank sein engster Kamerad. Jahre später hat Carl ihn in Düsseldorf besucht. Der Mann ließ alles stehen und liegen. Sie fielen sich nur noch in die Arme.

Auf unsere inständigen Bitten fuhr mein Vater nach Fürstenfeldbruck, wo meine Mutter inzwischen bei Benita und ihren Kindern lebte. Benitas Mann war gefallen, mit dem Flugzeug abgestürzt.

Ich hatte nach bestandenem Abitur in Bieberstein mit Hilfe des Vaters von meinem Schulfreund Wolf eine Lehrstelle in Hersfeld gefunden. Wolfs Vater Otto war in der Nähe von Darmstadt in einem Lager bei den Engländern eingesperrt gewesen. Da er durch seinen langjährigen Aufenthalt in Irland perfekt Englisch sprach, wurde er der Campmaster des Lagers und hatte einen guten Kontakt mit dem englischen Lagerkommandanten. Einer der Mitgefangenen, Inhaber einer großen Tuchfabrik in Hersfeld, bekam einen Lagerkoller. Er rannte immer in die Stacheldrahtbegrenzung. Otto erreichte, dass der Mann vorzeitig entlassen wurde. Als ich trotz größter Bemühungen keine Stelle fand – die Situation war hoffnungslos –, schaltete sich Otto ein. Er bat den Fabrikanten aus Hersfeld, mich einzustellen. Der Betriebsrat der Firma weigerte sich aber, dem Sohn eines ostdeutschen Tuchfabrikanten Einblick in den Betrieb zu gewähren. So bekam ich nur eine Lehrstelle im kaufmännischen Bereich.

Nach seiner Entlassung aus russischer Gefangenschaft und einigen Wochen in Fürstenfeldbruck kam mein Vater nach Hersfeld. Er wurde von Wolfs Schwester rührend empfangen und geradezu bemuttert.

Bei einer Tuchfabrik im Rheinland erhielt er einen Beratervertrag und – was damals viel wichtiger war – eine schöne kleine Wohnung. Später dann leitete er in Aachen den Zusammenschluss von drei Tuchfabriken. Sein Wunschtraum war aber immer, selbst noch einmal eine Tuchfabrik aufzumachen.

1955 bot sich im Schwarzwald die Möglichkeit. Richard war inzwischen versierter Tuchmacher. 1950 war er aus Russland zurückgekommen und hatte seine Frau, die fünf Jahre lang nichts von ihm gehört hatte, mit einem neuen Mann angetroffen. Er fand nur schwer ins Leben zurück, heiratete erneut und bekam eine kleine Tochter, Angela! Carl überzeugte Richard, mit ihm gemeinsam den Betrieb zu übernehmen.

Der Ort lag in einem engen Schwarzwaldtal mit einem rauschenden Bach, der durch die Fabrik floss – nur mit »Via Mala« vergleichbar.

Ich, der ich bereits einige kaufmännische Erfahrungen gesammelt hatte, lehnte die Bitte meines Vaters, ebenfalls in die Firma einzusteigen, ab, was sich als richtig erwies. Sie ging wenige Zeit später Pleite. Einer der Gründe war, dass Richard mit der Nachkriegssituation einfach nicht zurechtkam, sich auch mit dem Vater nicht verstand und sich schließlich das Leben nahm.

Mein Chef gab mir sofort einen seiner Volkswagen. Ich fuhr in den Schwarzwald und holte die Eltern ab. Wir hatten damals ein kleines Haus, so konnten sie die ersten Monate bei uns wohnen.

Die Pleite wurde abgewickelt, der Betrieb versteigert. Die Eltern zogen nach Fürstenfeldbruck zu einer allein stehenden Frau in eine gemütliche kleine Wohnung. Mein Vater war inzwischen 67 Jahre alt und hatte kaum eine Altersversorgung.

Er versuchte, irgendeine Aufgabe zu finden. Ich war inzwischen in Wuppertal bei der Firma »Glanzstoff«. Bei der Handwerksmesse in München stellte die Firma aus. Besonders wurden Gardinen aus Diolen gezeigt; zwei Näherinnen führten das problemlose Nähen vor. Einen Nachweis, wo in München diese Gardinen zu bekommen waren, hatten wir nicht. Also wurde mein Vater beordert, mit einem Taxi alle einschlägigen Gardinengeschäfte aufzusuchen um festzustellen, ob sie schon Diolen-Gardinen führten. Die Liste lag am nächsten Morgen bereit. Daraufhin bekam er den Posten als »Mann in München« angeboten, mit einem nicht schlechten Salär. Das hat er dann noch einige Jahre mit viel Freude gemacht.

Die Hausbesitzerin in Fürstenfeldbruck war streng katholisch. Auch zum Ortsgeistlichen hatte mein Vater einen guten Kontakt. Als er dann aber im Sterben lag und der Priester kommen wollte, hat er ihn rausgeworfen. Auch die Vermittlungsversuche der Vermieterin konnten ihn nicht umstimmen. Er wollte mit der Kirche nichts mehr zu tun haben. Am Morgen, als sich abzeichnete, dass er wohl bald sterben würde, hatte ich einen wichtigen beruflichen Termin in München. Als ich den absagen wollte, meinte er nur, sterben könne er alleine, der Kundentermin sei wichtiger. Und so starb er dann auch an dem Vormittag.

Diese fast preußische Einstellung zieht sich durch das ganze Leben dieses Mannes. Die Frage, ob er aus Überzeugung ein Nazi war, erübrigt sich. Er hat versucht, seinen Betrieb und seine Familie zu retten, so wie Dr. Andresen die Hermann-Lietz-Schulen retten wollte.

Viele Grüße von deinem Vater

Ich bin so verwirrt über das Ende dieses Berichts, dass ich vorerst kaum zurückblättern kann.

Preußische Tugenden:

Standhaftigkeit, Einfachheit, Schlichtheit, Zuverlässigkeit, Bescheidenheit, Genügsamkeit, Loyalität, Genauigkeit, Sparsamkeit, Toleranz, religiöse Toleranz, Selbstdisziplin, gerechte Justiz, Haltung, Ordnungssinn, Ehre, Bildung, Gewissenhaftigkeit, Bereitschaft zu Dienst und Leistung, zu Opfer und Verzicht, Aufrichtigkeit, Verantwortungsgefühl, Einsatzfreude, Pflicht gegenüber dem Staat, Bemühen um Redlichkeit, Anstand, Unbestechlichkeit.

Alles das finde ich in Aufsätzen über Preußen. Also, es lohnt sich schon, danach zu suchen, was einen sterbenden Vater bewegt, seinen Sohn arbeiten zu schicken, statt ihn zu sich zu rufen, denke ich empört.

Der Historiker Frank Lothar Kroll schreibt, die viel gepriesenen preußischen Tugenden seien von den Nationalsozialisten für ihre Zwecke ausgenutzt, verbogen und verfälscht worden. Ursprünglich seien diese Eigenschaften zum kollektiven Besten da gewesen, nicht zur Durchsetzung von Einzelinteressen. Beispielsweise habe Preußen Verfolgten und Flüchtlingen aus ganz Europa Asyl gewährt, ihre Einbürgerung möglich gemacht.

Mein Großvater, so scheint es mir, hat sein Leben und das seiner Familie den Geschäftsinteressen untergeordnet. Was wiederum für die Sicherung ihrer aller Existenz nötig war. Hat er sich auch um das Wohl einzelner Arbeiter und Angestellter gekümmert? Hat er sie vor den Eingriffen des diktatorischen Staates geschützt? Wäre das überhaupt möglich gewesen?

Ich frage mich also: Passen preußische Tugenden zu einem selbständigen Kaufmann und Fabrikanten, dessen ganzes Streben sich zuallererst um sein berufliches Fortkommen und das Wohl seiner Familie drehte?

Gab es jüdische Arbeiter und Angestellte in der Fabrik?

Am Telefon sage ich meinem Vater, wie sehr ich mich darüber gefreut habe, dass er sich so viele Gedanken gemacht hat, aber ich kann nicht darauf eingehen. Es wird noch eine ganze Weile dauern, bis ich ihn nach Einzelheiten fragen kann. Vorerst habe ich das Bedürfnis, Informationen auch aus anderen Quellen zu sammeln, um herauszufinden, wie viel Wahrheit in dem steckt, was mir mein Vater schreibt. Ich bin immer noch schockiert über die Äußerungen in der Broschüre und weiß nicht, wem oder was ich glauben soll.

Datum: 09. Januar 12:15
Betreff: Dickes, wertvolles Buch zur Post gebracht
Liebe Tochter!
Wie oben gesagt, ist das alte Fotobuch bei der Post und wird dich bald erreichen.

Da kannst du bestimmt eine Reihe Fakten entnehmen, zum Beispiel gibt es Bilder meiner beiden im Ersten Weltkrieg gefallenen Onkel. Wenn du Fragen hast, bin ich jederzeit zu Auskünften bereit.

Ich lege ein Buch von Zuckmayer dazu, das dich in die Zeit der zwanziger, dreißiger Jahre versetzen wird.

Bestimmt gibt es da für dich viele interessante Hinweise.

Meine Schwester habe ich noch nicht erreichen können, ich bemühe mich aber weiterhin. Weiter gutes Schaffen und gute Einfälle, vor allem die richtigen Forschungsergebnisse. Das mit meinem Großvater Hanns und dem Riesengebirgsverein ist ja köstlich, vor allem, wie du so etwas herausbekommst. Und dass du auch unseren Pfarrer Sachs schon gefunden hast!

Ich fange an, dich zu bewundern! Mein Vater sagte immer, die Gemeinde brauche der Pastor nicht, ihre Kirchensteuer müsse ihm genügen. Hier inzwischen auch zehn Grad minus. Du wolltest ja zu Onkel Wolf. Früher war es dort immer a...kalt. Seitdem sie Zentralheizung haben, wird es ja besser sein.

Grüß meinen Schwager-Freund und seine Frau und die anderen von mir und von Ilse.

Grüße von deinem Vater

Der Dramatiker Carl Zuckmayer emigrierte 1939 in die USA. Dort verfasste er für den amerikanischen Geheimdienst einen Report mit etwa hundertfünfzig Charakterporträts deutscher Künstler, die innerhalb des Dritten Reiches teils hervorragende Stellungen bekleideten. Dieser »Geheimreport« wurde in Deutschland erst 2002 veröffentlicht, als alle aufgeführten Menschen bereits tot waren.

Ich denke: Warum fütterst du mich mit Ablenkungsmitteln, Vater? Willst du mich veralbern? Ich will doch vor allem wissen, wie deine Eltern damals in der Fabrik und in ihrem privaten Leben mit dem staatlich verordneten Antisemitismus umgegangen sind. Hat es ihnen vielleicht insgeheim gefallen, dass Juden aus ihren Berufen, aus ihren Häusern vertrieben, durch Reichsfluchtsteuer und andere Spitzfindigkeiten um ihren Besitz gebracht wurden? Oder haben sie nur nicht hingesehen? Haben sie womöglich sogar den Mut gehabt, einzelnen Menschen zu helfen?

Aber dann beginne ich zu lesen. Zuckmayer teilt die Künstler und »Geistigen« des Dritten Reiches in fünf Gruppen ein:

1. Aktive Nazis und böswillige Mitläufer;
2. Gutgläubige Mitläufer, die sich dem Nazizauber nicht entziehen konnten oder die beruflichen Chancen zu reizvoll fanden;
3. Indifferente und Hilflose, die ihren Job nicht verlieren wollten;
4. Menschen, die inneren Widerstand leisteten und halfen, wo sie konnten;

5. Sonderfälle, zum Beispiel Personen, die schon emigriert waren und wieder zurückgekommen sind.

Allerdings warnt er auch vor Generalisierungen; man könne die Menschen nicht einfach in Schubladen packen.

Ich möchte gern wissen, zu welcher Kategorie meine Großeltern gehörten. Waren sie »gutgläubige Mitläufer«? Waren sie »Indifferente« oder »Hilflose«? Oder waren sie gar aktive Nazis, wie in der Broschüre über die Tuchfabrik dargestellt?

Ich überlege, wo ich weitere Informationen herbekommen könnte, und wende mich an einen Geschichtslehrer in Guttau, der sich mit der jüngeren Geschichte der Stadt beschäftigt und darüber geschrieben hat. Vielleicht gibt es ja noch Zeitzeugen, die die Fabrik kannten, als sie meiner Familie gehörte. Wer damals eine Lehre gemacht hat, war fünfzehn oder sechzehn Jahre alt, Altersgenossen meines Vaters oder etwas älter.

Datum: 18. Januar 12:23
Betreff: Zeitungsaufruf in Guttau
Liebe Frau Welsch,
nachdem Sie mich angerufen und mich nach Ihren Großeltern hier in Guttau gefragt haben, habe ich mal ein paar Zeilen für die Ausgabe der hiesigen Tageszeitung formuliert und hoffe, dass dies in Ihrem Sinne ist:

»Wissen Sie etwas über meine Großeltern?«
Enkelin auf Spurensuche nach der Tuchfabrik Weber

Zurück aus der Stadtbibliothek blinkt der Anrufbeantworter. Ich drücke den Knopf und erwarte schon die Offerte einer Vertretungsstunde aus der Schule. Nein, die Frauenstimme klingt ganz unbekannt: »Ich habe Ihr Buch gelesen und möchte gern mehr wissen. Bitte rufen Sie mich doch zurück.« Sie bezog sich auf den Ausstellungskatalog der gleichnamigen historischen Ausstellung aus dem Jahre

1999: »Nachbarn von einst – Bilder und Dokumente jüdischen Lebens«. Inzwischen ist er nur noch in Restexemplaren im Buchhandel erhältlich.

Seltsam, welche Wege Bücher zuweilen nehmen … Erst zwei Tage zuvor rief mich ein entfernter Verwandter von Theodor Levy aus London an. Auch er hatte besagten Ausstellungskatalog erworben und auf diese Weise zum ersten Mal seinen Urgroßvater auf einem Bild zu Gesicht bekommen. Nun hatte er viele Fragen zu den Levys in Guttau. Zumindest einen Teil davon konnte ich beantworten.

Doch zurück zu der Dame am Telefon. Es stellte sich bei meinem Rückruf heraus, dass sie eine Enkelin des Tuchfabrikanten Weber ist. Sehr interessiert an der eigenen Familiengeschichte, befragte sie mich nach Hinweisen und Tipps, wo bzw. wie dieser am besten nachzugehen sei. Einiges zu besagter Tuchfabrik wurde ja inzwischen bereits publiziert.

Doch sie will es genauer wissen. So verweise ich auf die archivarischen Überlieferungen im Bundesarchiv Berlin und im Brandenburgischen Landeshauptarchiv in Potsdam. »Aber gibt es denn niemanden mehr, der sich an die Familie des Tuchfabrikanten Weber erinnert, der sie kannte?«, höre ich ihre Stimme am anderen Ende der Leitung. Diese Frage gebe ich gerne an die Leser des »Echos« weiter.

Wer der Enkelin Erinnerungen zur Tuchfabrikantenfamilie Weber berichten kann, melde sich bitte oder teile sie über das »Neiße-Echo« mit.

Lassen Sie mich bitte wissen, ob der Text in Ihrem Sinne ist. Übrigens gibt es einen historischen Roman, der vor allem in der Tuchindustrie der 1920er Jahre spielt: Klaus Herrmann, »Die guten Jahre«.

Für heute viele Grüße aus Guttau
Peter Paul

Während eines Telefongesprächs mit meinem Vater fällt mir ein, ich könnte ihn nach den Adressen weiterer Verwandter fragen, die mir die Zeit aus ihrer Sicht schildern könnten. Er verspricht, sie mir per Mail zu schicken.

Datum: 18. Januar 9:50
Betreff: Adresse
Guten Morgen, liebe Tochter,
gestern Abend habe ich aus meiner Adressenliste eine dich interessierende Anschrift herausgesucht. Du findest sie anschließend mit noch vielleicht notwendigen Erklärungen. Margit ist meine Cousine. Meine Tante Anna war mit einem Studienrat in Berlin verheiratet. Wir Kinder wurden dort abgegeben, wenn die Eltern mal in die Oper gingen. Sie wohnten dann im Central Hotel am Bahnhof Friedrichstraße. Das war das Stammhotel meines Vaters. Anna hatte vier Kinder. Ein Sohn ist gefallen, einer hat den Krieg überstanden und war dann bei der neuen Bundeswehr hoher Luftwaffenoffizier. An der Beerdigung meines Vaters auf dem Münchener Ostfriedhof hat er auch teilgenommen. Noch Fragen ...?

Jederzeit gern zu Antworten bereit und mit Freude, von dir gelegentlich wieder zu hören, grüßt herzlich, auch Ilse
dein Vater

Seltsam, ich verfolge jede Spur, nur nicht die ins Landeshauptarchiv! Ich nehme den Hinweis von Herrn Paul nicht ernst genug, ich vergesse ihn. Geht es mir überhaupt um Fakten? Will ich wirklich wissen, was damals geschah, oder will ich, wie ein kleines Kind, von meinem Vater alle Antworten? Dass er mit mir spricht? Im Gegensatz zu vielen meiner Freundinnen hatte ich keinen dieser Überväter, mit dem ich mich heftig auseinander setzen musste, um erwachsen zu werden. Warum also jetzt dies?

Datum: 20. Januar 8:56
Betreff: Dank für die Adresse
Lieber Vater,
vielen Dank für die Adresse. Ich habe inzwischen einiges angeleiert, so dass auch entsprechend viel Rücklauf kommt. Alle sind erstaunlich hilfsbereit! Vorgestern habe ich dir kommentarlos, weil in Eile, eine Mail weitergeschickt, die ich von einem Herrn Paul bekommen habe, einem sehr engagierten jüngeren Geschichtslehrer in Guttau. Er bietet mir an, über den redaktionellen Teil der Ortsgazette nach Zeitzeugen zu suchen, und ich habe nach kurzem Überlegen zugestimmt. Spannend, ob da was kommt. Gestern war Angela hier, die wohl vorhat, in Berlin zu leben. Ich werde sie demnächst noch mal in Pankow besuchen.

Uns geht es gut, alle Kinder sind jetzt wieder in der Schule, Robert im Büro und ich kann arbeiten. Die Bilder im Album werde ich demnächst digitalisieren lassen, damit sie jedem, der sich dafür interessiert, zur Verfügung stehen. So werde ich es auch mit dem Album von Tante Benita machen, wenn ich es ausgeliehen bekomme.

Viele Grüße von deiner Tochter

Datum: 21. Januar 10:08
Betreff: Re: Zwangsarbeiter-Mailingliste
Lieber Herr Paul!

Jetzt gilt es, tapfer zu warten.

Gruß, Marion Welsch

»P. Paul« schrieb:
Liebe Frau Welsch, ich habe gerade im Internet gelesen, dass Sie sich auch über die Zwangsarbeiter-Mailingliste nach Ihrer Familie erkundigt haben. Ich muss gestehen, da bin ich selber gespannt, wer von den vielen Teilnehmern dazu etwas sagen kann. Frau Winter von der Pressestelle Guttau, die für das »Echo« verantwortlich ist, fragte gerade bei mir an, ob Sie mit der Veröffentlichung Ihrer Anschrift in meinem be-

sagten Pressebeitrag einverstanden sind. Vielleicht geben Sie ihr auch direkt Ihr O.K.

So viel für heute, mit vielen Grüßen
Paul

Datum: 21. Januar 16:50
Betreff: Vielen Dank
Liebe Tochter,
habe beide eMails bekommen. Danke. Bin nun gespannt, ob über die Zeitung etwas auf dich zukommt.

Weiter viel Erfolg. Inzwischen finde ich das alles recht aufregend. Tante Benita rief mich an. Sie wird jetzt sehr schnell auf den Dachboden gehen und das Album heraussuchen und schicken.

Weiter gutes Schaffen und Grüße
vom Vater

Datum: 21. Januar 17:40
Betreff: Re: Vielen Dank
Lieber Vater,
vielen Dank, ich bin auch recht aufgeregt über die Geister, die ich rief.

Herzliche Grüße von deiner Tochter
Mari

Datum: 23. Januar 22:01
Betreff: Guttau
Lieber Vater,
heute war der Text von Herrn Paul in der Zeitung, gleich hat eine Frau Kattmann angerufen und eine Viertelstunde ins Telefon geredet.

Viele Grüße von deiner Tochter

Datum: 27. Januar 10:24
Betreff: 27. Januar
Lieber Vater!
Heute ist der Gedenktag für die Opfer des Faschismus, der Tag, an dem das Lager Auschwitz von den Russen befreit wurde. Erstaunlich früh, ist mir aufgefallen, wenn man bedenkt, dass der Krieg noch bis Mai gedauert hat. Aber da war die Ostfront ja wohl schon bis dorthin zurückgewichen.

Opfer des Faschismus:

Mutters alter Freund Hermann schenkte mir vor ein paar Jahren ein kopiertes Exemplar seiner unveröffentlichten Lebenserinnerungen. Darin schreibt er:

> »Am 1. September 1939 marschierte unsere Division gen Osten. Der Krieg gegen Polen hatte begonnen. Das Markenzeichen dieses Feldzuges gegen Polen war ›Blitzkrieg‹, schnell-schnell-schnell! Alles lief mit großer Präzision ab und ohne eigentliche Zwischenfälle. Gegen die gewaltige technische Übermacht hatte das kleine, sehr tapfere polnische Heer keine Chance. Die polnische Kavallerie griff teilweise mit gezogenem Säbel die deutschen Panzer an in der Annahme – so war ihnen von ihren Vorgesetzten berichtet –, es handele sich um Papp-Panzer, also Attrappen ... Die Infanterieregimenter unserer Division – meist zu Fuß – leisteten viel. In der ersten Septemberwoche hatten wir einige Tote und Verwundete durch Volltreffer in der Protzenstellung. Offensichtlich hatten als Schafhirten verkleidete Funker das polnische Artilleriefeuer geleitet.«

Ist dein Bruder Georg ein Opfer des Faschismus? Er ist ja, wie du mir erzählt hast, schon zu Beginn des Polenfeldzuges, so wie hier beschrieben, erschossen worden.

Ist Richard ein Opfer des Faschismus?

Ich habe mir ein Buch bestellt (und gelesen), das heißt »Shtika« = Schweigen. Zwei junge jüdische, in Deutschland aufgewachsene Frauen gehen der Frage nach, warum ihre überlebenden Eltern so wie die meisten Eltern, die den Holocaust überlebt haben, gegenüber ihren Kindern über ihr Schicksal geschwiegen haben. In jüdischen Familien gehört das, sagen die Autorinnen, zum wichtigsten Tabu. Darüber gibt es auch einen Film von 1995: »Naziopfer brechen ihr Schweigen«.

Ich interessiere mich für das Thema von der anderen Seite: Warum haben wir deutschen Enkel von unseren Familien nur Bruchstücke erfahren oder warum haben wir so lange gebraucht, um die richtigen Fragen zu stellen? Vergessen? Verdrängt? Aus Unglauben? Scham? Desinteresse?

Ich bin dir unglaublich dankbar, dass du dir den Stress machst, in deinem Gedächtnis zu graben und mir dann die Fundstücke mitzuteilen.

Was weißt du noch von Georg? Was hatte er für Hobbys? War er jähzornig? Geschwätzig? Verschlossen? Frech? Unternehmungslustig? Las er gern oder saß er lieber auf Bäumen? Hat er Fußball gespielt? War er intelligent, gut oder eher schlecht in der Schule? Wo ging er zur Schule? Gibt es Fotos von ihm als Jugendlichen? Warst du zu Hause, als die Nachricht von seinem Tod kam?

Hältst du diese Fragen aus?
Sei umarmt von deiner Tochter
Mari

Datum: 27. Januar 17:53
Betreff: Deine eMail von heute Morgen
Eben öffnete ich meinen Briefkasten und fand deine eMail. Das sind ja wieder sehr direkte Fragen. Das ist mir aber sehr recht, dann kann ich sie wenigstens auch präzise beantworten.

Georg ist niemals ein Opfer des Faschismus, es sei denn, man rechnet den vom Zaum gebrochenen Krieg dazu. Zur Kavallerie hat er sich freiwillig gemeldet. Er war ein gut durchschnittlicher Schüler, besonders dann in Ettersburg. Etwas jähzornig vielleicht, aber sonst recht still. Sein ganzes künftiges Leben sollte mit der Kolonialschule in Witzenhausen beginnen. Er wollte leidenschaftlich gern Landwirt werden. Im hinteren Garten hatten wir jeder ein Stückchen Land und konnten da anbauen, was wir wollten. Georg hat Hafer und Weizen ausgesät!

Ganz in der Nähe von Guttau hatten die großkopferten Guttauer einen Reitstall aufgemacht. Ein Weißrusse und begnadeter Reitlehrer brachte uns das Reiten bei. Meine Mutter besaß das kräftige schwarze Pferd »Puppe«. Die ganze Familie ritt, nur Richard nicht. Georg war teilweise in den Ferien länger dort und so meldete er sich auch bei der Kavallerie, kam zu einem sehr feinen Regiment in Fürstenwalde und ritt Remonten ein; unser Reitlehrer hielt ihn für begabt.

So war er auch bereits am dritten Tag beim Angriff auf Polen in einem Spähtrupp dabei und wurde direkt erschossen. Er war begeisterter Soldat, wie wir alle, auch ich. Gerade in diesen vornehmen alten Regimentern hatte die Partei keinen guten Stand. Auch bei der Luftwaffe nicht. Nach dem Attentat auf Hitler musste die gesamte Wehrmacht mit erhobenem Arm grüßen, nicht mehr an der Mütze, wie es Tradition war. Wir waren hier in Landsberg auf dem Außenflugplatz zum Schulen und bekamen den Befehl, weiter wie früher zu grüßen.

Als Georg fiel, war ich, glaube ich, in Guttau. Oma ist dann mit meiner Schwester Elisabeth und mir in den Ferien sechs Wochen in Utting am Ammersee gewesen.

Richard stand der Partei, wie ich dir schon einmal schrieb, im Gegensatz zu Georg recht nah, versuchte auch immer, unseren Vater von der Partei zu überzeugen. Ich weiß es nicht, aber ich glaube, dass man in den fünf Jahren russischer Gefangenschaft versucht hat, ihn vom Kommunismus zu überzeugen.

So warte ich jetzt auf weitere Fragen und es bleibt auskunftsbereit

dein Vater

Sechs Wochen in Utting am Ammersee? Ich betrachte ein Foto: Fünf Kinder stehen an einem Sandstrand der Größe nach aufgereiht, die beiden älteren Jungen in weißen Matrosenanzügen mit kurzen Hosen, der kleine Walter, vielleicht vier Jahre alt, in einem durchgehenden weißen Festanzug mit kurzen Beinen. Die Mädchen tragen weiße Sommerkleidchen, deren Säume und Ärmel mit Blumen bestickt sind. Dazu tragen sie rutschende Kniestrümpfe und Sandalen. Die beiden jüngeren Brüder haben Kappen mit der Aufschrift »Marine« auf dem Kopf, die Mädchen Blumenkränze. Sie sehen allesamt aus wie aus einem Buch von Else Ury, der Erfinderin von »Nesthäkchen« und »Professors Zwillinge«. Es muss ein besonderer Feiertag gewesen sein. Ich stelle mir vor, wie sie gleich nach dem Fotografieren durcheinander laufen und von der ganzen weißen Pracht bald nicht mehr viel übrig ist. Wie muss es meiner Großmutter ergangen sein in diesen sechs Wochen in Utting am Ammersee, nachdem sie erfahren hatte, dass der erste ihrer Söhne mitten aus der Reihe der Kinder herausgeschossen worden war? Der Krieg hatte gerade begonnen und würde, nach der Erfahrung des Ersten Weltkriegs, nicht morgen zu Ende sein. So weltfremd kann sie nicht gewesen sein, dass sie noch ruhig hat schlafen können. Schließlich war ihr großer Bruder Walter schon im Ersten Weltkrieg gefallen. Wie hat sie das nur ausgehalten?

Fünfzehn schreckliche Jahre nach Georgs »Heldentod« wird sie Richard erhängt auf dem Dachboden finden, zur Sicherheit hat er sich zusätzlich die Pulsadern aufgeschnitten.

Die jüngere Tochter, Elisabeth, lernt während des Krieges einen Arzt kennen, der sie gegen den Hunger und die Angst mit kleinen Mengen Morphium versorgt, das sie abhängig macht. Mit dieser und später anderen Süchten wird sie ihr Leben lang kämpfen und viel zu früh sterben. Wir beteten sie an, weil sie liebevoll und phantasievoll war, wenn sie mit uns spielte.

Mein Vater sollte immer wieder Phasen haben, in denen ihm das Leben schwer und unerträglich wurde, aber jedes Mal wieder hinausfinden.

Die ältere Tochter, Benita, sollte sich als die Stabilste herausstellen. Sie war mit fünfundzwanzig Jahren, mitten im

Krieg, allein erziehende Mutter, heiratete später ein zweites Mal, tat, was nötig war, und hatte ein paar nützliche Fähigkeiten, die zum Überleben hilfreich sind. Sie nähte mir beispielsweise einmal während eines Besuches an einem einzigen Nachmittag ein Sommerkleid, das, wie gewünscht, überall ein bisschen zu kurz war, und lachte dabei drei Stunden lang fast ununterbrochen.

Datum: 29. Januar 12:43
Betreff: Lieber Vater!
Zur Zeit lese ich einen Roman über deine Heimatstadt und ihre Tuchfabrikanten. Erschienen in der DDR in den Sechzigern. Zwei Bände und gut geschrieben. Eine Familiengeschichte zwischen 1864 und 1934.

Ich weiß noch nicht, wohin es führt, aber Mr. Cockerill, der ja wohl in deinem Elternhaus die erste Spinnmaschine im Raum Guttau aufgestellt hat, ist auch schon vorgekommen, die anderen Namen sind verschlüsselt. Der Schriftsteller heißt Klaus Herrmann. Die Bücher bekommt man ohne Mühe billig antiquarisch über das Internet. Ich bin begeistert! Hat mir Herr Paul empfohlen, der Geschichtslehrer aus Guttau. Weitere Fragen demnächst.

Es soll auch hier schneien ... Am übernächsten Wochenende beabsichtige ich, die Verwandten zu besuchen. Tante Benita das Fotoalbum zum Kopieren abzuschwatzen usw.

Viele Grüße von deiner Tochter

Mari

Datum: 31. Januar 22:52
Betreff: Reaktion auf Presseberichte
Liebe Frau Welsch,
jetzt am Wochenende erscheint mein Aufruf, sich mit eventuellen Erinnerungen an die Tuchfabrik Weber an Sie zu wenden, auch im »Echo«. Gab es denn schon – abgesehen von Frau Kattmann – eine Reaktion darauf? Das würde mich

sehr interessieren. Nehmen Sie es bitte nicht übel, dass ich Frau Kattmann Ihre Telefonnummer gab. Aber ich kenne sie schon länger und da wollte ich gerne mal eine Ausnahme machen.

Ich würde mich freuen, von Ihnen zu hören, und verbleibe mit vielen Grüssen aus Guttau,

Ihr Peter Paul

Datum: 02. Februar 20:36
Betreff: Lieber Vater
Eben habe ich den ersten Band des Romans über die Tuchfabrikanten in Guttau ausgelesen, unter Missachtung aller meiner sonstigen Pflichten. Er endet 1914. Den zweiten habe ich begonnen.

Es kommt alles darin vor, was ich auch aus meiner Familie kenne:

- Hochzeiten aus Gründen der Firmenpolitik (deine Eltern),
- Vater-Sohn-Konflikte, die mit Selbstmord enden (Carl und Richard),
- Heiraten »unter Stand«,
- Heirat gegen den Willen des Vaters mithilfe von Schwangerschaft (Benita),
- Probleme mit dem Erben,
- Konkurrenz zwischen den Fabrikantenfamilien bis zur Kontaktsperre,
- Aussteigerpersönlichkeiten und Künstlerseelen (Hanns) usw.

Das alles in einer relativ kleinen, aufstrebenden Stadt mit, wie ich an anderer Stelle gelesen habe, bis zu fünfunddreißig Tuchfabriken. Klaus Herrmann hat versucht, seine »Buddenbrooks« zu schreiben, mit noch stärkerem sozialkritischen Unterton als Thomas Mann, wie die DDR es verlangte. Wenn man vom Sozialismusgeruch absieht, kann man sich nur fragen, woher er das alles wusste? Ein Roman über den Untergang des Bürgertums. Seit etwa zehn Jahren heißt die Lenin-

Allee in Guttau Klaus-Herrmann-Straße. Sehr lesbar!!!! Jedenfalls der erste Band.

Außerdem habe ich die Lebenserinnerungen von Wolf Jobst Siedler schon teilweise gelesen. Er ist dein Jahrgang und muss in der Hermann-Lietz-Schule in Ettersburg in deiner Klasse gewesen sein.

Bin ein bisschen im Stress. Die Kinder haben Ferien, sie haben ganz ordentliche Zeugnisse, aber sie sind den ganzen Tag im Haus, schlafen lange und gehen abends nicht ins Bett. Manchmal nehme ich den Computer und fahre in ein Café um die Ecke.

Viele Grüße von
Mari

Die Hermann-Lietz-Schulen blieben in den zwölf Jahren des Dritten Reiches eine Insel der Seligen, hieß es in meiner Familie, sie schützten die Kinder vor allzu intensiver Indoktrination durch die Nationalsozialisten. Die Schulleiter der einzelnen im Verbund zusammengeschlossenen Heime mit ihrem Oberleiter Dr. Andresen hätten sich erfolgreich gegen Gleichschaltung und Schließung gewehrt. In Bieberstein, der Oberstufenschule für Jungen, lernte mein Vater seinen späteren Schwager Wolf kennen, dessen Schwester Ellinor die erst 1942 gegründete, dazugehörende Mädchenschule Schloss Hohenwehrda besuchte. Schloss Ettersburg, damals die Unterstufe für Jungen, liegt einen Katzensprung vom Konzentrationslager Buchenwald und späteren russischen Speziallager Nr. 2 entfernt, in dem mein Großvater Carl Hüllen jahrelang interniert war.

In den Lebenserinnerungen von Wolf Jobst Siedler liest sich das anders. Siedler war zur selben Zeit wie mein Vater in Ettersburg und wechselte zur Oberstufe der Hermann-Lietz-Schule auf der Insel Spiekeroog, so wie Georg. Er war mit dem Sohn von Ernst Jünger eng befreundet. Wolf Jobst Siedler und Ernst Jüngers Sohn wurden aus der Schule heraus verhaftet, von einem Spitzel verpfiffen, der Bemerkungen von ihnen über Monate mitgeschrieben hatte. Die beiden Schuljungen saßen lange in Untersuchungshaft und wurden zu einer Haftstrafe verurteilt. Durch die Bemühungen guter Freunde der Eltern entließ man sie zur »Frontbewährung«. Ernst Jüngers Sohn starb im Krieg. Soll ich sagen, er »fiel«? Was für ein Wort für diesen Tod. Nein, die Hermann-Lietz-Schulen waren nicht für alle ein Schutzraum! Wolf Jobst Siedler beschreibt, wie er später, aus der Kriegsgefangenschaft entlassen, in seiner alten Schule um ein Abschlusszeugnis bat. Man schickte ihm kommentarlos ein Zeugnis mit glänzenden Noten über ein Abitur, das er nie abgelegt hatte.

Datum: 04. Februar 19:26
Betreff: Lieber Vater
Durch den Aufruf in der Guttauer Zeitung bin ich an eine Adresse gekommen, und zwar an die von der Tochter des damaligen kaufmännischen Direktors der Tuchfabrik. Sie ist neunzig und lebt in Süddeutschland. Weißt du, wer das ist? Ich habe sogar eine Telefonnummer.

Viele Grüße von deiner Tochter

Datum: 05. Februar 9:06
Betreff: Adresse
Liebe Tochter!
Das ist die Tochter vom Prokuristen, sieh mal in meinem Bericht nach. Er starb übrigens damals in Buchenwald.

Viele Grüße von deinem Vater

Datum: 06. Februar 11:07
Betreff: Reise
Lieber Vater,
heute fahren wir nach Nürnberg. Für Samstagnachmittag habe ich uns bei Tante Benita eingeladen. Ich nehme die Kinder mit. Sonntagmorgen fahre ich zurück, um nicht in den

Rückreiseverkehr der Skifahrer zu geraten. Robert muss arbeiten und passt nebenbei auf Hund und Fische (!) auf.

Am Telefon hast du mich gefragt, warum gerade jetzt so viel zur Nazizeit geschrieben wird. Das beschäftigt mich natürlich auch. Es liegt vor allem daran, dass die Archive erst jetzt aufmachen. Deshalb stellt die Enkelgeneration jetzt noch einmal Fragen. Das Buch »Opa war kein Nazi« ist seit etwa zwei Jahren ein großer Erfolg. Es beschreibt genau das, was auch ich erlebe. Die Kindergeneration, zu der du gehörst, kann nicht ertragen, dass an ihren Vätern gekratzt wird. Sogar ich als Enkelin will eigentlich nichts Böses über meinen Opa wissen. Weil er mir das Schwimmen beigebracht hat?

Wenn du mir Fragen beantwortest, achtest du immer peinlich darauf, dass kein Schatten auf deinen Papa fällt, sogar um den Preis, dass du dir selbst widersprichst. Natürlich müssen die Leute alle gewusst haben, dass die Juden in ihrer unmittelbaren Nähe verfolgt, entrechtet, entehrt, enteignet und vertrieben wurden, es gab allgemein bekannte Gesetze dazu, die in jeder Zeitung veröffentlicht wurden. In einer Kleinstadt bleibt das nicht geheim. Nur der Massenmord weit weg in Polen wird den meisten verborgen geblieben sein. Und die Erkenntnis war dann später ein schrecklicher Schock. Der Antisemitismus in Deutschland war weit verbreitet und sehr viele haben sich an den Besitztümern der Juden bereichert und fanden es gut, dass sie endlich »in ihre Schranken gewiesen« wurden.

Natürlich gab es in der Firma Weber Zwangsarbeiter, Franzosen! Das hat mir Frau Kattmann am Telefon erzählt. Und so jemand wie Hanns war eindeutig Steigbügelhalter für Hitler. Es gab eben nicht nur die bösen Nazis und die Einzelfigur Hitler. Viele haben es gewollt und viele haben sich nicht gewehrt, als es noch möglich war, und die meisten waren später zu ängstlich für Einzelhilfen, die möglich gewesen wären und auch geleistet worden sind.

Für mich stellen sich dazu folgende Fragen:

Mein Opa ist für sein Wegsehen, sein Mitmachen durch seine Internierung schwer »bestraft« worden. Unsere Familie hat ihren Besitz und die Grundlage ihrer Existenz verloren. Sie hat damit viel mehr »gesühnt« als manche andere deutsche Familie, die ungerechterweise die »deutsche Überhebung«, wie mein Großvater Otto es genannt haben soll, ganz heil überstanden hat. Aber warum wird eine Beteiligung meiner Großeltern, deiner Eltern und Mutters Eltern, immer geleugnet? Warum haben wir nur Fragmente erfahren, die zum guten Teil nicht gestimmt haben, oder es sind wichtige Informationen unterschlagen worden? Weil ihr das Wissen verdrängt habt? Oder weil wir es nicht wirklich wissen wollten?

Ich musste in Büchern lesen, dass meine Großväter in der NSDAP waren, und muss mir nun sehr mühsam die Gründe dafür zusammensuchen. Und das ist nicht nur in meiner Familie so, sondern in den meisten deutschen Familien, die ich frage! Meine Tanten waren begeisterte BDM-Führerinnen. Am Samstag wird Tante Benita mir nur vom Verlust ihrer Heimat erzählen. Und davon, dass euer Großvater Hanns, mein Urgroßvater, den Nazis Mitte der dreißiger Jahre das goldene Parteiabzeichen vor die Füße geworfen hat. Wäre es so schlimm, Großvater und Vater nicht nur als gute Menschen, sondern auch als politisch Irrende zu sehen? Oder den Vater als einen, der an der Diktatur sehr gut verdiente und der seiner Familie damit ein wunderschönes Leben bieten konnte? Und ich werde nicht weiterfragen, weil ich es mir nicht mit ihr verderben will!

Warum muss dein Papa ein Heiliger sein, obwohl er das nicht war? Warum ist das für dich so wichtig?

Es ist nicht die Frage nach der Schuld, die mich umtreibt, sondern das fehlende Eingeständnis und dass die Schuld immer anderen zugeschoben wird. Und woher kommt es, dass ein 18-Jähriger noch 1944 den Krieg gewinnen will? Er hätte doch wissen müssen, dass das von ihm abgelehnte Regime dann erst richtig aufgeblüht wäre. Welche Gehirnwäsche hat diese Kurzsichtigkeit hervorgebracht?

Dass die Enkel jetzt fragen, liegt vielleicht auch daran, dass wir unseren Vätern nichts vorzuwerfen haben außer Verdrängung. Dass wir uns nicht damit auseinander setzen müssen, dass unsere geliebten Papas und Mamas sich schuldig gemacht haben. Wobei nach den Müttern komischerweise keiner fragt, obwohl die schließlich auch wählen durften und Hitler besonders auf Frauen große Wirkung gehabt haben soll.

Die aktuelle Auseinandersetzung mit diesen Fragen hat sicher auch mit dem geschichtlichen Zeitpunkt zu tun. Der Kalte Krieg ist erst jetzt wirklich zu Ende. Die Deutschen dürfen wieder über sich selbst bestimmen. Fast zehn Jahre nach Abzug der Alliierten muss das Land sich wieder auf ein Nationalgefühl und ein Selbstverständnis besinnen. Und ein Anfang ist mit der Entscheidung gemacht, sich in der Frage des Irakkrieges gegen die Amerikaner zu stellen. Egal, wie man dazu steht, vor zehn Jahren hätte ich das niemals erwartet.

Dass wir jetzt danach fragen, liegt auch daran, dass wir der nächsten Generation etwas mitgeben wollen und dafür die Praxis der Verdrängung aufgeben müssen. »Tatsachen dürfen doch wohl benannt werden«, sagen unsere Kinder jetzt schon, wenn sie uns unangenehme Wahrheiten beibringen wollen. Nenn es Moral oder nenn es Zivilcourage. Wir müssen wieder entscheiden, ob wir an einem Krieg teilnehmen oder nicht. Wir haben eine Wirtschaftskrise, eine hohe Arbeitslosigkeit und Neonazis. Wir müssen wieder Flagge zeigen und gerade davon haben unsere Eltern uns immer abgeraten. Aus gutem Grund! Für ihre Generation. Aber das gilt nicht mehr für uns und schon gar nicht für unsere Kinder. Die müssen das wieder lernen.

So reime ich mir das zusammen.

Sei umarmt von deiner Tochter

Mari

Datum: 09. Februar 9:45
Betreff: Gedanken zu deiner eMail von Donnerstag

Liebe Tochter,

jetzt seid ihr hoffentlich ohne Probleme zurückgekommen. Die Straßen werden nicht zu voll gewesen sein.

Nach den Begegnungen in Nürnberg seid ihr und bist besonders du voll von Eindrücken, denke ich mir.

Zu deinen ausführlichen Zeilen vom 06.02.:

Ich habe meinen Vater nicht, wie du schreibst, zum Heiligen gemacht. Das war er auch nicht, aber alles, was ich über ihn aus der Erinnerung zu berichten weiß, ist eben durchaus positiv. Als Jüngster hat man viel unter dem Tisch gesessen und zugehört. Ich habe meinen Vater immer nur als bewunderungswürdigen, gerechten und liebenden Vater erlebt. Einmal hat er mir, so erinnere ich mich, eine Backpfeife gehauen, als meine Nachhilfelehrerin es nicht schaffte, das Wort »adulescentulus« in meinen Kopf zu pressen. Das Fenster in meinem Kinderzimmer stand offen, seins in seinem Comptoir daneben auch, er hörte das vergebliche Bemühen und die Diskussion, kam rüber und haute mir eine!

Als ich bei den Fliegern einrückte, brachte er mich zur Bahn.

Als er dann überaschend 1950 aus Buchenwald zurückkam in den Westen, wie schon gesagt von deiner Mutter rührend aufgenommen, hat er es immer nicht einsehen können und wollen, dass er so wenig für meinen Berufsbeginn tun konnte. Ich habe versucht, ihn zu beruhigen, dass er ja mit dem recht teuren Internat sehr viel für den Anfang meines Lebensweges getan habe. Und als Richard sich im Schwarzwald dann das Leben nahm, bin ich sofort zu meinen Eltern gefahren und habe sie zu uns geholt und für Wochen aufgenommen.

Vielleicht entsinnst du dich noch?

Dann im Alter noch den Job besorgt. Nein, ich habe gar keinen Grund, ihn nicht in bester Erinnerung zu behalten.

Ich bin sicher, dass du von deinem Vater nicht immer sehr begeistert warst. Die Scheidung war in deinem Alter bestimmt ein fürchterlicher Einschnitt in dein Leben, die Gegensätze zu deiner Mutter waren aber unüberbrückbar. Warum eilt in den letzten Kriegsjahren ein 18-Jähriger zu den Waffen? Du weißt nicht, wie stark der Druck der Propaganda damals war. Etwas schlitzohrig waren wir aber auch. Wenn du dich damals nicht freiwillig gemeldet hättest, wäre früher oder später der Einberufungsbefehl zur Infanterie gekommen. Nach wenigen

Monaten Rekrutenausbildung wärst du dann an der Front gewesen, als Kanonenfutter sozusagen.

Als angehender Abiturient war es Usus, sich als Offiziersbewerber bei irgendeiner Waffengattung zu melden. Bei den Fliegern zwei Monate Oschatz, drei Monate vorfliegerischer Lehrgang in Fürstenfeldbruck. Da lagen wir aber auch wieder die Zeit in der Matsche, dann acht Monate in Bruck fliegerische Ausbildung, mit Büffeln verbunden fast wie an der Uni, in den verschiedensten Disziplinen. Das heißt, ich kam erst ein Jahr und zwei Monate später an die Front an der Oder, im März 1945.

Dass wir dann doch als Infanteristen eingesetzt wurden, war halt Pech. Natürlich glaubten oder hofften wir noch auf einen Sieg mit den immer wieder angekündigten Wunderwaffen V2. Überzeugt davon waren wir aber schon lange nicht mehr. Ich besitze noch eine Kassette von einem Interview, das ein Lokalsender 1992 mit deiner Oma geführt hat. Ich wollte es immer mal zu Papier bringen, habe es aber nie getan. Vielleicht ist da auch noch etwas drauf, was für dich wissenswert ist. Ich schicke sie dir gern.

Mehr weiß ich heute nicht. Hier liegt Schnee wie die Jahre vorher nicht. Kommendes Wochenende sind wir wieder einmal am Chiemsee. Sonst immer zu Hause und für Antworten bereit.

Grüße an die ganze Familie vom
Vater/Großvater

Als mein Vater seine Eltern zu uns holte, war ich drei Jahre alt. Meine Erinnerungen daran sind sehr verschwommen. Er hat Recht. Ich weiß nicht, wie es damals war. Was maße ich mir an? Ich fahre in die Bibliothek, in der es einen Mikrofilm der Guttauer Zeitung gibt und lese in den Jahrgängen 1942/43. Es stimmt. Wer das Verbot, Feindsender zu hören, einhielt, war auf die gleichgeschalteten Blätter angewiesen. In der Wochenendausgabe vom 07./08. März 1942 finde ich ein Gedicht:

Wir fragen nicht

Wir fragen nicht, was aus uns werden mag,
und auch ihr Mütter sollt nicht danach fragen.
Wir können euch doch nur das Eine sagen,
dass wir marschieren müssen Tag für Tag!

Wir wissen nicht, wie weit der Weg noch ist,
und wie viel Opfer noch der Tod wird küren,
doch unser Weg, er wird zum Ziele führen
trotz Tod und Tücke, Widerstand und List.

Wir ahnen nicht, wann jene Stunde schlägt,
da wir des Reiches Feind zu Boden zwingen.
Doch glauben wir: es wird und muss gelingen,
weil Gott der Herzen heißen Willen trägt.

Hans Spohnholz

In der Ausgabe vom 26. Mai 1942 steht die Todesanzeige des Tuchfabrikanten Jürgen Weber, der am 23. Mai, Pfingstsamstag, an einer Lungenentzündung starb. Jürgen, der jüngste Bruder meiner Großmutter, hatte 1932 die Anteile seines Vaters Hanns überschrieben bekommen und war seitdem einer der beiden Inhaber der Firma Weber in Guttau.

Daneben Todesanzeigen, die »Heldentote« beklagen:

»Richard Freiherr von Richthofen: Nach Gottes Willen fand am 17. Mai bei seinem 10. Feindflug kurz vor seinem 21. Geburtstag den Fliegertod unser einziger Sohn und Stiefsohn ... Er starb für Großdeutschland!«

»Kurt Gebauer: Tief erschüttert traf uns die unfassbare Nachricht, dass am 17. April 1942 bei den schweren Abwehrkämpfen im Osten für Führer und Vaterland in treuer Pflichterfüllung unser geliebter hoffnungsvoller Sohn, mein einziger Bruder, Schwager und Onkel ... Schütze in einem Infanterieregiment ...«

Um Jürgen Weber trauern die Familie Hüllen, Maja Weber, seine junge Frau mit den drei noch sehr kleinen Kindern, seine Eltern und Schwestern mit ihren Männern und mit ihnen »die ganze Gefolgschaft«. Es fehlen Geburts- und Sterbedaten. Ist es der Familie ein bisschen peinlich, dass er einfach so im Bett zu Tode kam, während Männer seines Alters den Heldentod starben?

Denke ich giftig und schäme mich dafür.

Datum: 10. Februar 11:08
Betreff: Re: Gedanken zu deiner eMail von Donnerstag
Lieber Vater,
vielen Dank für deine Mail. Nürnberg war schön. Carlotta hat uns eine Führung durch die unterirdischen Keller der Stadt vorgeschlagen. Das war schön gruselig, vor allem für mich. Ich habe mich so eingesperrt gefühlt in den engen, niedrigen Gängen, dass ich heilfroh war, als ich wieder nach oben durfte. Mir wurden richtig die Knie weich. Der Katakombenführer hat gesagt, umgefallen seien bisher nur Schwangere, und weil ich nicht schwanger bin, habe ich tapfer durchgehalten.

Am Samstag waren wir bei Tante Benita zu Kaffee und Kuchen. Sie sah mit ihren achtzig Jahren sehr jung und wohl aus und hat viel von dem erzählt, was ich gern wissen wollte. Die Kinder haben mit großen Ohren zugehört. Ich werde jetzt wohl noch mal mit ihr telefonieren. Sie hat mir ein paar interessante Fotoalben mitgegeben. Es gibt ja richtig viele Bilder.

Samstagabend haben wir uns mit Georg und Familie getroffen und er hat uns zum Essen eingeladen. Schade, dass er so weit weg wohnt. Auch für unsere Kinder wäre es viel lustiger, wenn sie sich öfter sehen könnten.

Am Sonntag sind wir schon morgens zurückgefahren, um nicht in den Rückreiseverkehr zu kommen. Bei freier Autobahn und Sonnenschein im Rücken waren wir in etwas mehr als vier Stunden zu Hause.

Die Kinder sind heute Morgen in ihre Schulen geschlüpft

und jetzt ist es hier segensreich still. Reisen ist mit den großen Kindern kein Problem mehr, sogar sehr angenehm, weil sie Landkarten lesen können und auch sonst sehr selbständig sind.

Zu deiner Mail:

Nein, die Scheidung meiner Eltern hat mir kein schlechtes Bild von meinem Vater hinterlassen. Allenfalls fand ich das schlechte Verhältnis meiner Eltern zueinander belastend und das schon viele Jahre vorher. Aber wenn man sich eure Lebensgeschichten genauer betrachtet, dann wundert man sich nicht mehr so sehr. Zwei aus dem Nest gefallene Vögel, in großem materiellem Wohlstand und in Sicherheit aufgewachsen, sollten nun, unter den nicht eben leichten Bedingungen der fünfziger Jahre, Kinder großziehen, obwohl sie selbst noch viel Unterstützung nötig gehabt hätten, zum Beispiel von ihren Vätern, die ihnen aber nicht mehr helfen konnten. Dein Vater kam erst 1950 aus russischer Gefangenschaft in Buchenwald zurück und hatte mit sich und seiner Existenzsicherung zu tun, und Mutters Vater war schon 1947, bald nach seiner Entlassung aus der Internierung, mit 49 Jahren gestorben. So jedenfalls stellt es sich mir dar. Heute würde man sagen, noch nicht reif genug für Ehe und Familie. Zu viel Durcheinander nach dem Krieg und nach der Nazizeit. Selber zu trost- und hilfebedürftig.

Für uns Kinder ist es letztendlich ziemlich gut ausgegangen. Anne, Georg und ich haben alle Berufe, die uns ernähren können und meistens Spaß machen. Wir sind zwar nicht immer glücklich, manches liegt uns auf der Seele, aber ich glaube nicht, dass dafür äußere Bedingungen verantwortlich sind. Ich jedenfalls bin dankbar für das Leben, das ich jetzt lebe. Ich denke: Genieße jeden Tag, die Geschichte hat gezeigt, wie plötzlich sich alles ändern kann.

Ich bin allerdings verblüfft, mit wie vielen Informationslücken und Verschleierungen ich aufgewachsen bin. Tante Benita sagt noch heute voller Überzeugung: »Die Juden in Guttau hatten alle genug Geld, sie sind früh genug weggegangen.«

Es ist bestimmt angenehm, das zu glauben, aber es ist nicht

wahr. Immerhin sagt sie auch, die Familie habe zu den Mitläufern gehört. »Unserer Familie ging es ja gut. Es gab keine Arbeitslosen, man konnte überall ohne Gefahr hingehen. Ich war glücklich mit meinem vielen Sport und als Mädelführerin. Und was in ›Mein Kampf‹ stand, das hat man eben nicht gelesen.«

Morgen habe ich einen Termin im Bundesarchiv in Lichterfelde. Da gibt es Informationen zum Beispiel zu den NSDAP-Mitgliedschaften. Wir haben auch gleich für Roberts Großeltern mitangefragt und jetzt haben sie uns Unterlagen dazu herausgesucht. Es hat ungefähr einen Monat gedauert. Wenn du mich fragst, warum ich das brauche: Ich möchte alles wissen, um besser zu verstehen. Und weil ich das Gefühl habe, ich müsste jeden Satz wie einen Stein umdrehen und nachsehen, was darunter ist.

Viele liebe Grüße von deiner Tochter
Mari

Die Fotoalben der Familie. Sie wurden nach dem Krieg in einer Kiste vom Gärtner an die Familie geschickt. Es sind auch ein paar Ölbilder, etwas Silber und Meißner Porzellan in den Westen gekommen.

Ich blättere in den Alben. Meine Großmutter hatte eine Dunkelkammer im Haus und hat viel fotografiert. Die Kinder in allen Lebenslagen, mit und ohne Schaffell, in süßen Kleidchen oder Wintermänteln mit spitzen Kapuzen, beim Spielen im Sand, im Wasser, auf Skiern. Ich suche das letzte Foto von Georg. Aus dem September 1939, zur Zeit des Polenfeldzuges, finde ich nur fröhliche Gesichter. Besuche von Richard und Georg in Uniform noch 1941, die Hochzeit der ältesten Tochter Benita am 21. Mai 1941 (sie heiratet den Kommandanten des Militärflughafens in Guttau, schon schwanger macht sie Abitur). Fotos von der Familie, von der Hochzeitstafel. Auf der nächsten Seite des Albums dann drei kleine Fotos vom lachenden Georg mit seinen Kriegskameraden im Wald und das Datum »21.6.41«. Ein viertes Bild zeigt ein mit dünnen, ungeschälten Baumstämmen eingefriedetes Grab und in der Handschrift seiner Mutter: »Grab Georg«.

Wie oft wird sie sich das angesehen haben? Ein Briefumschlag liegt zwischen eingeklebten Bildern und Seidenpapier. Er trägt den Stempel: Reiterschwadron Kav-Erl_AbtlG9. In deutscher Schrift steht oben dick unterstrichen Feldpost. Der Umschlag ist aufgerissen, man sieht die braune Seidenfütterung, ein Passfoto von Georg ist darin, sonst nichts. Vielleicht waren die Fotos mit dabei, ein Brief von einem Kameraden?

Also Mai 1941.

Nächste Seite des Albums: mein Vater als fröhlicher Luftwaffenhelfer, mein Vater in Fliegeruniform. Der erste Enkel, Benitas kleiner Sohn. Danach kommen nur noch Bilder aus der Nachkriegszeit.

Ich bin wie vor den Kopf geschlagen. Mein Vater erinnert sich nicht mehr an das Todesjahr seines Bruders. Er verwechselt den Polen- und den Russlandfeldzug. Zeitunterschied fast zwei Jahre. Wie kann das sein? Vergessen, verdrängt? Oder ist es vielleicht nicht wichtig? Kommt es gar nicht darauf an, wann was war, weil es ohnehin geschehen ist?

Es ist das erste Mal bei dieser Suche, dass mir etwas richtig nahe geht.

Ich werde mir nie vorstellen können, was es bedeutet, eines meiner Kinder als Soldat im Krieg zu verlieren, aber etwas wie eine kalte Nebelschwade hüllt mich ein und lässt mich frösteln. Das Heldentum fürs Vaterland, was für ein teuflisches Instrument, Menschen ihr Rechts- und Unrechtsbewusstsein zu nehmen, ihnen Trauer und mehr noch, die Wut über die Ungerechtigkeit und den Verlust zu verbieten.

Datum: 12. Februar 17:21
Betreff: Lieber Vater
Vielen Dank für deinen Brief. Heute Morgen war ich im Bundesarchiv. Das ist ganz in meiner Nähe, in Lichterfelde im ehemaligen Kasernengebiet an der Finkensteinallee. Nach

allerhand Formalitäten wurden mir ein paar Kopien und mehrere flache Aktendeckel ausgehändigt. Ich hatte, wie gesagt, vor einem Monat Informationen über meinen Urgroßvater Hanns, meine beiden Großväter Carl und Otto und die beiden Großväter von Robert angefragt. Die Personen, über die man etwas wissen will, müssen vor mindestens hundertzehn Jahren geboren oder vor mindestens dreißig Jahren gestorben sein. Es ist schon ein merkwürdiges Gefühl, wenn man plötzlich eine Kopie des Passbildes seines Rauschebart-Urgroßvaters in Händen hält. Und den Dienstpass von Otto mit Stempeln seiner Reisen nach 1941.

Folgendes habe ich herausgefunden:

Hanns Weber ist 1930 in die NSDAP eingetreten (was ich wusste) und wohl *nicht* wieder ausgetreten (wie immer behauptet wurde).

Dein Vater ist schon 1940 Parteimitglied geworden, nicht erst 1942. Mein anderer Großvater Otto im September 1939, der Antrag soll im Juni gestellt worden sein (in den Unterlagen, die ich bei Onkel Wolf eingesehen habe, steht, er habe nie einen Antrag gestellt).

Am interessantesten ist ein dickerer Aktendeckel über August, den Großvater meines Mannes, auf dessen Staatsdomäne in Südniedersachsen sich die Nazigrößen trafen, um von dort aus das Reichserntedankfest am Bückeberg zu organisieren. August wurde angeklagt, noch 1935 die Frechheit besessen zu haben, mit jüdischen (Land-)Händlern Geschäfte zu machen. Es existieren sogar kleine handgeschriebene Zettelchen darüber, wer alles was gesagt hat. Er wurde per »Rechtsurteil« mit Schimpf und Schande aus der NSDAP geworfen, weil er gelogen und den hohen rassischen Gedanken nicht beachtet habe... Und 1936 haben sie ihn nach einem Gnadengesuch wieder aufgenommen, nicht ohne Notiz in seinem Parteibuch! Aber das Reichserntedankfest wurde seitdem von Hameln aus organisiert. Und Hitler kam nicht mehr auf den Hof und gab den Kindern nicht mehr die Hand, und Goebbels suchte das Organisationskomitee in Hameln auf. Aber August durfte nach seiner Wiederaufnahme in die Partei seine Staatsdomäne behalten, die zur Neuverpachtung anstand.

Morgen will sich auch Robert das alles ansehen. Man darf nicht selbst kopieren, aber man kann eine Firma beauftragen, teure Kopien zu machen. Den Antrag habe ich übrigens per Mail gestellt. Jetzt läuft noch ein Antrag auf Einsicht in die Stasiakten, da müssten die Unterlagen von Opas Entnazifizierung und seiner Internierungszeit zu finden sein. Irgendwie schon ein komisches Gefühl, dass überall irgendwelche Nachweise über einen herumliegen. Der Datenschutz wird allerdings streng gehandhabt. Über dich und sogar über Oma würde ich nur mit deinem Einverständnis etwas erfahren. Es gibt noch mehr Archive, zum Beispiel das Militärarchiv in Freiburg und eine Abteilung des Bundesarchivs in Koblenz.

Keine wirklichen Neuigkeiten, aber wenn ich mir überlege, mit was ich vor zwei Jahren meine Suche begonnen habe! Da waren meine Vorfahren, mit etwas Übertreibung, noch mehr oder weniger im Widerstand gewesen und ich glaubte es gern. Nun sind sie zwar nicht zu Tätern geworden, aber ich habe doch einiges über sie und ihre Zeit herausgefunden, wovon ich vorher keine Ahnung hatte.

Und ich korrespondiere mit meinem Vater. Auch schön. Heute habe ich mich mal wieder gefragt, warum ich das alles mache.

Weil ich mir wünsche, dass mein Vater mein tiefes Mitleid mit den Opfern jener Zeit teilt? Die ihre Albträume nie losgeworden sind, während es unserer Familie längst wieder gut geht?

Weil ich mir wünsche, dass er die mangelnde Zivilcourage seiner Eltern und Großeltern bedauert?

Weil ich mir wünsche, dass die Familiengeschichte gerade gerückt wird?

Weil ich mir wünsche, dass mein Vater sich mit mir gemeinsam etwas ausdenkt, das einer »Aktion Sühnezeichen« gleichkäme?

Vielleicht von allem etwas.

Liebe Grüße von deiner Tochter

Mari

Als ich diese Mail abgeschickt habe, frage ich mich, ob es unserer Familie wirklich wieder gut geht? Ich frage mich, was mein Vater wohl für ein Kind gewesen ist? Wie war es, Kind in dieser nationalsozialistischen Diktatur zu sein? Seltsam, dass mich das erst jetzt interessiert.

Tante Benita berichtet, der Jüngste, der kleine Walter, sei der Einzige von ihnen gewesen, der die Schule habe schwänzen dürfen – wegen Nabelschmerzen. Und: Ihr späterer Mann habe den kleinen Bruder beeinflusst, Flieger zu werden. Er sei sein großes Vorbild gewesen.

Ich muss über den Alltag der Kinder während der Nazizeit lesen!

Datum: 18. Februar 10:24
Betreff: Lieber Vater
Auf meine letzte Mail über meinen Besuch im Bundesarchiv habe ich von dir keine Antwort bekommen. Hast du sie erhalten?

Wenn ja, könnte ich mir vorstellen, dass sie dir nicht gefallen hat. Wir sind bestimmt in der Einschätzung der (Familien-)Geschichte nicht einer Meinung. Ich kann und muss damit natürlich leben. Du hast ja auch noch den Bonus, dass du dabei warst und deshalb alles aus eigener Anschauung beurteilen kannst. Andererseits gibt es inzwischen Zugang zu Informationen, die auch eine andere Sichtweise zulassen. Ich lese, was mir in die Finger kommt, zur Zeit noch mal Sebastian Haffners »Geschichte eines Deutschen 1914-1933«, das er 1938 geschrieben hat. Und wieder Wolf Jobst Siedlers Lebensbesichtigung. Er muss doch eigentlich in Ettersburg in deiner Klasse gewesen sein? Jedenfalls schreibt er über Franz Windweh und ist Jahrgang 1926.

Später ist er in Spiekeroog gewesen und aus der Schule heraus verhaftet worden, weil ein Mitschüler sehr genau alle seine Bemerkungen protokolliert hatte. Weißt du etwas darüber?

Mein Wissen über die Zeit damals wächst und auch das Wissen über die Folgen der Diktatur für jeden Einzelnen. Ich darf nicht aufhören, alle Seiten zu betrachten. Die Literatur und die Unterlagen stapeln sich hier. Ich mache mir ein Bild, das niemals peinlich genau der Wahrheit entsprechen kann, aber der Wahrheit hoffentlich immer näher kommt. Ein Bild eben.

Viele liebe Grüße von deiner Tochter

Datum: 18. Februar 11:30
Betreff: Bestätigung der eMail vom 12. und Antwort auf beide vom 12. und 18. Feb.
Liebe Tochter,
Dank für beide eMails. Ich wusste eigentlich nicht, was ich auf deine Schilderungen vom 12. Februar antworten sollte.

Natürlich bewundere ich immer wieder deine Hartnäckigkeit und hoffe, dass all diese Recherchen eines Tages auf fruchtbaren Boden fallen ... Hier liegt immer noch die Kassette mit dem Interview eines kleinen Lokalsenders aus den letzten Lebensjahren meiner Mutter. Willst du sie auch haben?

Übrigens liegt hier ein Briefchen an dich, das noch darauf wartet, dass wir in die Stadt kommen zum Briefkasten. Es ist aber so kalt, dass wir mehrere Dinge, die zu tun sind, sammeln. Wenn man älter wird, friert man mehr!

Im Brief ist ein kleiner Ausschnitt aus der Zeitung über Anfragen bei der Behörde für die Stasiunterlagen. Man solle sich nicht damit zufrieden geben, wenn auf Nachfragen ein negativer Bescheid komme. Möglicherweise fänden sich doch noch Informationen. Viel sei verschnipselt worden, man habe aber Computer-Dateien, auf denen die Unterlagen abgespeichert seien. So lohne sich eine zweite Anfrage. Bei meinem Vater weiß ich überhaupt nicht, ob man bei der Stasi etwas finden würde. Die Russen haben ihn eingesperrt, soviel ich weiß. Und entlassen worden sind die paar noch Lebenden ohne jegliche Verhandlungen. Die haben die Tore geöffnet und gesagt: »Jetzt könnt ihr wieder nach Hause gehen.« So hat er es uns geschildert. Ich bin gespannt, was du nach dem Stasi-Antrag hörst.

Das Reichserntedankfest auf dem Gelände des Herrn Schwiegervaters ist allerdings hochinteressant. Das war immer eine große Geschichte auf dem Bückeberg. An den Namen Wolf Jobst Siedler kann ich mich nicht erinnern. Natürlich ist das ein Jahrgangsschüler von mir.

Wie schon oben erwähnt, ist es hier recht kalt und es liegt immer noch sehr viel Schnee. Aber auch bei euch scheint es nicht besser zu sein. So, nun bin ich meiner Pflicht nachgekommen, werde künftig immer sofort auf deine eMails antworten, du hast schon Recht, entschuldige bitte.

Grüß die Familie von Ilse und deinem

Vater

Datum: 18. Februar 19:11
Betreff: Re: Bestätigung der eMail vom 12. und Antwort auf beide vom 12. und 18. Feb.
Lieber Vater,
nur kurz, Hanna und Carlotta machen Pfannkuchen zum Abendessen.

Ich sehe mal zu, dass ich den Roman über Guttau in einen Umschlag bekomme. Mit ein paar Abstrichen spannend.

Ich soll den Tisch decken, sagt Hanna, weil sie schließlich schon Abendessen macht. Ich hab gesagt, ich hätte doch schon gestern und vorgestern ... aber sie bleibt hart.

Viele Grüße von deiner Tochter

Datum: 19. Februar 18:01
Betreff: Dank für eMail vom 18.02. zur Abendbrotzeit
Liebe Tochter,
die Lebenserinnerungen von Marquez, die du mir geschenkt hast, werde ich dir schicken, wenn ich sie ausgelesen habe. Sie sind manchmal etwas mühselig zu lesen, wegen der vie-

len Namen, die auch noch für uns spanisch kompliziert sind. Aber man muss sich ja auch nicht alle merken. Und wenn du die Kassette haben willst, kann ich sie gleich dazupacken.

So, wer deckt nun heute den Tisch? Grüß die Brut und den Mann.

Herzlich, dein Vater

Datum: 21. Februar 12:42
Betreff: Lieber Vater
Dank für deinen Brief. Und die Notiz über die Stasiunterlagen. Ich bin im Moment etwas abgelenkt, weil wir unsere Reise am 27. nach Irland organisieren. Wir werden Carlotta dort hinbringen, die aufgeregt und gespannt ist, was sie in den drei Monaten dort erwartet. Das beunruhigt mich mehr als mir lieb ist. Auch dieser drohende Irakkrieg mit den potentiellen Folgen für internationale Flüge und Flughäfen ist nichts für meine zarte Seele. An diesem Wochenende fahren wir außerdem noch nach Dresden, wir sind eingeladen. Jedes Mal müssen »Kind und Hund« organisiert werden. Aber alle sind gesund und munter. Ist das nicht die Hauptsache? Und ihr?

Grüße von deiner Tochter Mari
Sonntagmittag zurück

Datum: 23. Februar 17:18
Betreff: Lieber Vater
Wir sind vor drei Stunden aus Dresden zurückgekehrt und vom Luxus ganz erschöpft. Ein prächtiges Wochenende! Sonnenschein über Kälte und Barock. Blendende Klunker im Grünen Gewölbe, ein Menü in einem Restaurant, wie ich es noch nie gegessen habe, halb nackte, magersüchtige akrobatische Tänzerinnen im Ballett »Sommernachtstraum« in der Semperoper bei ansonsten sehr beeindruckender Inszenierung von John Neumeier, virtuelle Führung durch die Frauenkirche, Neue Meister im Albertinum und zum Abschluss heute Morgen

Pfunds Villeroy-und-Boch-geflieste Molkerei von 1903. Dann Abreise. Inzwischen sind die Kinder wieder eingesammelt, Haus und Hund sind sehr erfolgreich gehütet worden. Jetzt sehen sie alle »Desirée« im Glotzophon und der Gatte ruht im Badeschaum. Morgen beginnt der Countdown für Irland.

Herzliche Grüße von deiner Tochter

Datum: 25. Februar 17.49
Betreff: Neues aus der SZ
Liebe Tochter,
deine eMail vom Sonntag nach Rückkehr aus Dresden habe ich mit Vergnügen gelesen und danke dir dafür.

Da habt ihr in den wenigen Stunden ja viel gesehen und erlebt. Vor längerer Zeit waren Ilse und ich auch in Dresden. Die Frauenkirche haben wir damals nicht erlebt, nicht einmal virtuell. Auch Pfunds nicht, leider. Das Opernhaus ist doch toll. Das haben sich die DDR-Oberen noch richtig was kosten lassen.

Grund meiner heutigen Nachricht ist wieder ein Ausschnitt aus der SZ, der per Post zu dir kommt. Alles das, was da beschrieben wird, habe ich wirklich nicht erlebt oder gewusst, wobei das in Deutschland wahrscheinlich auch möglich war.

Nun erfahre ich gelegentlich, wie ihr nach Irland gekommen seid und wie ihr es angetroffen habt.

Heute hat Ilse ein Zahnproblem, weit schlimmer als meins am Freitag.

Wetter immer noch sehr sonnig, aber kalt, zumindest nachts.

Bis zum nächsten Mal.

Herzliche Grüße vom Vater

Datum: 01. März 9:02
Betreff: Zurück
Lieber Vater,
wir sind gestern aus Irland zurückgekehrt und haben unseren Ausflug sehr genossen. Unsere Tochter ist in eine nette

Familie gerutscht, als wäre sie dort immer schon gewesen. Sie geht heute das erste Mal mit Schuluniform zur Schule und findet alles sehr spannend.

Heute Morgen habe ich viel aufgeräumt und Liegengebliebenes sortiert. Ich kann mich jetzt auch wieder ganzherziger meiner Arbeit zuwenden.

In der letzten Woche habe ich viel über Turnvater Jahn gelesen, weil er mir ein Schlüssel zum Verständnis meines Urgroßvaters ist. Dann deine Artikel, die du mir schickst, sie sind sehr interessant. Vor allem der über den Anschluss Österreichs. Ich weiß, dass in jedem Land, das von den Deutschen besetzt worden ist, sofort eine Hetze auf Juden und andere erklärte »Untermenschen« losging.

Du versicherst mir immer, ihr hättet von dem allem nichts gewusst: Das wird vielleicht bis Kriegsende für dich gegolten haben. In den späteren Jahren kann ich mir das nur mit Nichtwissenwollen erklären, denn auch in den Sechzigern und Siebzigern waren schon viele Dinge bekannt und nachzulesen. Was deinen Vater anbelangt, der muss sehr viel gewusst haben. Der hat doch nicht hinter dem Mond gelebt. Dass die Juden verfolgt und entrechtet und materiell vernichtet werden sollten, das hat jeder damals Erwachsene gewusst. Das stand in jeder Zeitung und es gab die allgemein bekannten Gesetze und Verordnungen dazu. Der Großvater meines Mannes ist 1935 aus der NSDAP ausgeschlossen worden, weil er immer noch (!) mit jüdischen Getreidehändlern gehandelt hat. Das war streng verboten. Wir haben jetzt die gesamte Gerichtsakte fotokopiert hier zu Hause. Mit Nicht*wissen* sind deine Eltern nicht zu entschuldigen. Sie haben auch ihre Kinder mitmachen lassen und jede Konfrontation gescheut.

Die Frauen sind sowieso ein interessantes Thema. Oma ist nicht dazu erzogen worden zu widersprechen. Sie ist dem Carl zur Frau gegeben worden und hat sich ihm untergeordnet. Man kann von Glück sagen, dass sie es mit ihm so gut ausgehalten hat. Das hätte auch anders ausgehen können. Sie war ja wohl richtig glücklich mit ihm.

Es macht mich inzwischen ungeduldig, wenn ich immer NICHT GEWUSST höre. Das verhindert jede ernsthafte Auseinandersetzung.

Es ist für mich interessant und seltsam, dass du zwar immer schreibst und davon sprichst, deine Eltern und ihr hättet nichts wissen können, mir aber alle Informationen, die du heute in der Zeitung findest, weiterreichst. Es ist, als sollte an dir vorbei sehr wohl die Wahrheit ans Tageslicht kommen.

Mich kränkt natürlich, dass meine Familie damals so wenig Courage an den Tag gelegt hat oder vielleicht gar mit vielem einverstanden gewesen sein könnte!? Aber es ist für mich nicht überlebensnotwendig, dass meine Eltern und meine Großeltern nicht angekratzt werden.

Wann immer ich mich frage, warum ich diese Hartnäckigkeit der Recherche an den Tag lege, fällt mir als Antwort nur ein: Ich will wissen, verarbeiten und damit eine Chance haben, unter Druck anders zu reagieren als die meisten Leute damals. Raus aus der Endlosschleife des Augenverschließens, das eine Wiederholung in der einen oder anderen Form möglich machen könnte.

Wenn Deutschland nicht schon wieder für seine Fremdenfeindlichkeit und seinen Antisemitismus bekannt wäre, wäre ich vielleicht gar nicht darauf gekommen. Also weiter!

Sei umarmt von deiner Tochter
Mari

Datum: 03. März 16:03
Betreff: Antwort auf das Heutige
Liebe Tochter,
nach einer eMail-armen Strecke heute deine Ausführungen, auf die ich nicht viel zu erwidern weiß.

Wenn du weiter zurückgehst in der deutschen Geschichte, wirst du starken Antisemitismus feststellen. Das soll keine Entschuldigung sein für das, was in der neueren Zeit passiert ist. Wie schon immer gesagt, wir wussten wirklich zu wenig, was so passiert, lebten in unserem Haus auf dem Berg fröhlich vor uns hin. Unser Vater, ob er mehr wusste oder nicht, hat darüber nicht gesprochen. Auch vergiss nicht, dass er beim Juden gelernt und da nichts Negatives erlebt hat, und dass die meisten der Kunden Juden waren, die oft genug bei uns zum Essen mit am Tisch saßen.

Ich habe nie erkennen können, ob es nun ein Jude war, und kann es auch heute noch nicht.

Uns Kinder hat er gewähren lassen, schließlich wäre ich ohne Brille auf einer Ordensburg/Adolf-Hitler-Schule gelandet, zwei Auswahllehrgänge hatte ich mit elf Jahren in Cottbus-Madlow bestanden, es störte aber die Kurzsichtigkeit. Unser Führer wollte nur völlig erbgesundes Material.

Nach Kriegsende hatten wir viele Jahre anderes zu tun, um wieder auf die Beine zu kommen, also haben wir uns darum gekümmert und nicht die Vergangenheit aufgearbeitet. Und wenn du es wissen willst, jetzt im Alter will ich mich auch nicht mehr groß damit beschäftigen. Wenn du aber weitere Fragen hast, so stelle sie mir.

Gern lese ich auch künftig deine Ermittlungen, aber mach mir bitte keine Vorwürfe, dass ich mich nicht schon selbst und früher mit der Vergangenheit beschäftigt habe.

Es freut mich, dass ihr die Irland-Reise gut hinter euch gebracht habt und dass »das Kind« es gut getroffen hat.

Wie lange bleibt sie?

Georg war mit seinen Kindern auf der Durchreise hier. Leider ist die herrliche Zeit des Sonnenwetters vorbei.

Schnee haben sie genug. In den nächsten Tagen sende ich dir die Kassette mit dem Interview von deiner Oma.

Deine eMail kam übrigens zweimal an.

Gruß an die noch dort Verbliebenen und dich
vom Vater

Die Aufbaugeneration. Die Übriggebliebenen. Die Zurückgekehrten. Viele konnten keine vernünftige Ausbildung machen, von studieren gar nicht zu reden. Aber sie haben gestrampelt, immer gerade mit dem Kopf über Wasser, nicht höher, und manchmal sogar unter der Wasseroberfläche, um wieder aufzutauchen und Luft zu schöpfen und weiterzupaddeln, sich hochzuziehen, aufzusteigen. So wie mein Vater.

Und ich, Kind der Schokoriegel und Südfrüchte, der Strumpfhosen und Waschmaschinen, des Werbefernsehens mit Mainzelmännchen, ich, ich nehme mir so viel heraus.

Aber jetzt bin ich schon viel zu weit gekommen, um zurückzurudern.

Eine weitere Reaktion auf meine Suche nach Zeitzeugen ist der Anruf einer Frau Spät. Ich nehme einen Stift und schreibe ein paar Sätze mit.

Datum: 05. März 11:53
Betreff: Lieber Vater
Gerade habe ich lange mit einer Frau Spät telefoniert. Sie ist achtzig und hat mir sehr vergnügt viel erzählt. Sie hat bei Webers gelernt, war Ausnäherin, Kunststopferin von 1934 bis 1942, dann hat sie ein Kind bekommen und nur noch als Aushilfe gearbeitet: »Der Herr Hüllen hat sich wenig bemerkbar gemacht, war wohl ein guter Einkäufer. Er ist viel herumgereist. Ich hatte mehr mit Herrn Weber zu tun. Ich habe viel Volkstanz gemacht und gesungen. Der Herr Weber hat uns ausbilden lassen. Von einem aus Hamburg. Bis beim Reichssender haben wir gesungen. In Adlershof. Herr Weber hat unsere Stimmen ausbilden lassen:

An der Neiße liegt ein Städtchen,
träumerisch gar lieb und traut,
das ist Guttau ... meine Heimat,
über der der Himmel blaut.
Es gibt zwar viele schöne Orte,
doch für mich bist du die
schönste Stadt der Welt
und weil ich von dir fern,
gedenk ich deiner gern.«

Hat sie mir vorgesungen!

»Webers waren nicht politisch. Gedrängelt wurde man da nicht. Zwar wurde man mal in einen großen Raum gerufen, wenn Hitler im Radio sprach, aber hinterher war nichts mehr, keine Versammlung und so. Zwangsarbeiter gab es wohl, ja, Franzosen, die haben den Hof sauber gemacht, die hatten es gut da, wissen Sie. Das mit der Kristallnacht, das war bitter, bei dem Juden Meier hat noch hinten die Tür offen gestanden, um wenigstens noch was loszuwerden, Stoffe für Unterbetten zum Beispiel. Und meine Mutter hat mit einer zusammengearbeitet, auch bei Webers, da hat sie Wolle sortiert, die hatte alle ihre Verwandten schon verloren und hat immer erzählt, wenn sie mal wieder gekommen sind und alles durchsucht haben. Das war so schrecklich, aber man konnte ja nichts machen. Zuletzt hatte sie nur noch ein kleines Zimmer. Später ist die auch weggekommen. Keiner mehr übrig geblieben.

Als Webers geschlossen wurden, haben sie uns verteilt, ich war in Erkner in einer Kugellagerfabrik, einem Rüstungsbetrieb, da gab es ganz kleine und sehr große Kugellager. Als wir nach dem Krieg in die Hutfabrik gingen, waren wir stolz, dass wir aus der Firma Weber kamen. Ach, wir haben uns immer gefragt, warum keiner wiedergekommen ist und die Fabrik weitergeführt hat.«

Sie hat erzählt und erzählt und ich habe noch viel gelernt über das Kunststopfen von Stoffen, die fehlerhaft aus der Maschine kommen. Und über das wunderbare Exportmittel »Ratiné«, ein feiner Wollstoff, der nach England geliefert wurde. Und über einen Stoff für eine spezielle Uniform, den man in alle Richtungen ziehen konnte. Der war schwer zu stopfen.

Auch über einen unterirdischen Gang von der Fabrik zur Stadt hinunter hat sie mir erzählt, wo er genau war und dass es dort eine Tür gegeben haben soll.

Und ich soll mich unbedingt anmelden, wenn ich nach Guttau komme, sie ist oft bei ihrer Tochter.

Sei umarmt von deiner Tochter

Mari

P.S. Diese nette alte Frau hatte ein paar Redewendungen wie Oma: »Möchte schon sein«, dass ich ihr meine Adresse gebe. Und solche Sachen. Ich musste immer in den Telefonhörer horchen, weil ihr Tonfall so ähnlich war. Ich habe ja nie andere Guttauer sprechen gehört.

Unterlassene Hilfeleistung? Haben sich meine Großeltern der unterlassenen Hilfeleistung schuldig gemacht? Sie haben nicht gewagt, jemandem zu helfen, der dann einfach »weggekommen« ist. War es für einen Fabrikchef, der unter Beobachtung seiner Belegschaft stand, schwerer, jemandem zu helfen, ohne verraten zu werden? Dann hätten Oskar Schindler, der Berliner Otto Weidt aus der Blindenwerkstatt, die Eltern von Cornelia Schmalz-Jacobsen ebenfalls verraten werden müssen. Auch Berthold Beitz hat den Gegenbeweis angetreten, dass es sehr wohl möglich war zu helfen. Es gibt Beispiele, wie man Menschen hätte schützen können.

Die Frage, warum mein Vater sich im Zeitpunkt des Todes von Georg um fast zwei Jahre irrt, lässt mich nicht los. Ich möchte wissen, was mit dem Gedächtnis von Menschen geschieht, wenn sie etwas besonders Bedrohliches erlebt haben. Ich spreche mit der Psychoanalytikerin Franziska Henningsen, die mit traumatisierten Flüchtlingen arbeitet. Wenn Menschen in unserem Land Asyl bekommen wollen, müssen sie einen Antrag stellen und genau angeben, was sie erlebt haben, warum sie wann auf welche Weise verfolgt wurden.

In einem von ihr zu diesem Thema geschriebenen Aufsatz, den sie mir nach unserem Gespräch schickt, lese ich von der Unfähigkeit schwer traumatisierter Menschen, über das zu sprechen, was sie erlebt haben. Zeit und Raum geraten durcheinander. Wenn sie darüber berichten sollen, scheint es, als sagten sie die Unwahrheit, weil ihre Erinnerungen in einem Nebel verschwunden sind. Manche sind im alltäglichen Leben ganz unauffällig. Erst wenn sie die Erinnerungen an die traumatisierenden Erlebnisse wachrufen, wirken sie verwirrt. Andere haben Panikattacken oder die Panik hat sie nie verlassen. Man könne, so schreibt Henningsen, die Folgen traumatisierender Erfahrungen im Gehirn inzwischen sogar in Bild gebenden Verfahren messen.

Immer sei jedoch der Versuch zu beobachten, das Trauma abzuspalten und einzukapseln – eine Überlebenstechnik, mit deren Hilfe eine psychische Wiederherstellung angestrebt werde. Die während einer Befragung erzwungene Konfrontation mit der traumatischen Situation bringe diese Abwehr ins Wanken und berge die Gefahr einer erneuten Traumatisierung.

Könnte es sein, dass der Schock über den Verlust des Bruders den 15-Jährigen so tief getroffen hat, dass ihn viele Jahre später sein Gedächtnis trügt? Ein 15-Jähriger, der damit rechnen musste, dass ihn schon bald dasselbe Schicksal ereilt wie den nur wenig älteren Bruder, falls der Krieg nicht vorher verloren oder gewonnen werden würde? Gibt es noch weitere traumatische Erfahrungen aus Kriegs- und Nachkriegszeit, die er verdrängt hat? Oder kann er sich nicht mehr an sie erinnern, weil es einfach zu lange her ist?

Ilse ruft mich an und sagt, meinem Vater gehe es nicht gut. Er rege sich sehr auf über meine Fragen, die ihn in die Vergangenheit zurückbrächten. Ob ich damit nicht aufhören könne?

Grund genug, mit der weiteren Befragung sofort Schluss zu machen?

Wieder kann ich nicht schlafen, wandere nachts durchs Haus und führe Streitgespräche mit mir selbst: Habe ich ein Recht, von meinem Vater mehr zu erfahren, oder geht der Schutz meines Vaters vor? Ja, ich setze mich in diesen Nächten ernsthaft mit der Frage auseinander, ob es nicht sogar seine väterliche Pflicht ist, mir so viel wie möglich von früher zu erzählen, weil nur das Wissen über die Geschichte uns befähigt, Verantwortung für die Zukunft zu übernehmen. Vaterpflicht! Vielleicht ist es möglich, mein Bedürfnis nach Aufklärung und seins nach Verdrängung der unangenehmen Erinnerungsanteile miteinander zu vereinbaren.

Im Nachhinein betrachtet, wäre es bestimmt besser gewesen, wenn ich schon zu dieser Zeit ins Landesarchiv gegangen wäre, denn dort werden die Unterlagen aufbewahrt, die mir viele Fragen beantworten können. Aber das weiß ich zu diesem Zeitpunkt noch nicht.

Ich will, dass mein Vater mit mir spricht.

Datum: 06. März 15:38
Betreff: Lieber Vater
Hanna macht ihre Hausaufgaben. Da habe ich Zeit. Carlotta hat gestern Abend sehr glücklich angerufen. Sie versteht alles, sagt sie, und kann sich auch verständigen.

Meine Arbeit geht langsam, aber immerhin voran. Es ist so schwer, etwas zu verstehen, was man selbst nicht erlebt hat und was so lange her ist.

Jetzt habe ich ein paar Fragen zum Kriegsende. Ab März 45 warst du richtig im Krieg. Kannst du dich daran erinnern? War das schrecklich? Oder vor allem aufregend? Was habt ihr gemacht? Was hast du erlebt? Bist du dann gleich in Gefangenschaft gekommen? Wo und wie?

Und wo warst du danach? Bist du auch nach Fürstenfeldbruck zu Tante Benita gefahren? Und wo waren die anderen? Wann bist du nach Bieberstein zurückgegangen, um dein Abitur nachzumachen?

Viele Grüße von deiner Tochter
Mari

Datum: 08. März 8:27
Betreff: Lieber Vater
Seit Tagen habe ich nichts von dir gelesen. Seid ihr gesund und munter?

Deine Tochter Mari

Betreff: Antwort auf 3 – in Worten: drei eMails
Datum: 08. März 16:59
Hallo Tochter,
heute schaue ich endlich wieder in meinen PC und sehe mit Schrecken drei eMails auf dem Monitor.

Donnerstag waren wir nach Weiler im Allgäu gefahren, um einen aus unserem Nachkriegsabiturkurs zu besuchen, der dort mit seiner Lebensbegleiterin eine Kur macht.

Nun zu meinem Kriegsende:

Als Flieger ausgebildet, waren wir eine Zeit lang in Dänemark, bildeten infanteristisch neue Rekruten aus, das, was wir ein Jahr vorher selbst waren. Dann hat man uns quer durch Deutschland gefahren – mit der Bahn –, länger standen wir in der Bremer Gegend, immer im Zug, und schlussendlich wurden wir an die Ostfront an der Oder gebracht. Da war ich dann einige Zeit Schütze Arsch mit Handgranaten, Infanteriegewehr und Panzerfaust. Infanterist! So ging es dann rückwärts auf die Vororte von Berlin zu. Es war schrecklich, ich und meine Kameraden, wir hatten viel Angst. Aufregend natürlich, die Angst war aber größer. Da hatten wir Vorgesetzte, die uns morgens einen Vortrag hielten: »Besonders von den Herren Fahnenjunkern erwarte ich Einsatz und Mut.« Am Abend waren diese Schweine verschwunden, vermutlich Richtung Westen abgehauen. Dann sammelte uns ein anderer Vorgesetzter auf, der uns geschlossen Richtung Westen führte, nachts marschiert, tags in den Wäldern gepennt, im April gar nicht komisch, weil kalt und nass, die Notdurft auf Astgabeln sitzend und nichts zu kauen. So führte er uns in Höhe Werneuchen in die Hände der Amerikaner und so kamen wir nicht in russische Gefangenschaft. Wir landeten in einem sehr großen Gefangenenlager – mehrere Tausend – bei den Amerikanern. Wir beschützten die SS-Leute vor den Amis, denn die lagen ja genauso wie wir in der »Scheiße« und sie waren unsere Kriegskameraden. Gehungert haben wir natürlich fürchterlich. In der Nähe war eine große Pferdekoppel, deren Bestand sich täglich dezimierte, damit wir nicht verhungerten. Viel Pferdefleisch haben wir da bekommen. Die Amerikaner trauten sich kaum ins Lager, nur voll bewaffnet, denn wir empfingen sie mit Knüppeln. Nach Wochen haben die Amis uns an die Engländer übergeben, in das große Gebiet in Holstein, wo sie die Gefangenen gesammelt hatten. Wir kamen nach Fehmarn auf ein großes Flugfeld, in Zelten zu sechsen, und hungerten so, dass die Nachbarkameraden sich jeden Tag einen Speiseplan ausdachten, gleichzeitig hatten wir alle Hungerödeme.

Dann wurden Leute gesucht, die den Führerschein II für LKW hatten. Ich meldete mich stolz, hatte ihn gerade noch mit siebzehn vor meiner Einberufung gemacht und wurde auch genommen. Ich fuhr mit einem LKW-Fahrlehrer wochenlang einen 4,5-Tonner quer durch Norddeutschland in voller Uniform, nur der Pleitegeier war abgetrennt. Nach dem großen Hunger gab es endlich einmal was zum Futtern und ich überfraß mich so, dass ich nur noch kotzte. Da hatten wir aber einen VOMAG, »Volksoffizier mit Arbeitergesicht«, der hatte einen Pieks auf uns Fahnenjunker. Er befahl mir, ihm Bratkartoffeln zu machen. Ich sagte, mir sei einfach zu übel und ich würde ihm eher in die Pfanne kotzen. Da war Schluss mit dem LKW, für ihn war es Befehlsverweigerung.

Von da an putzte ich die Latrinen, wochenlang. Und ich sagte mir, wenn du schon die Klos putzt, dann putze sie auch gut. Von diesem sehr wichtigen Posten bewarb ich mich als Tankwart, schleppte viele hundert Zwanzig-Liter-Kanister täglich, bis ich einen alten Kesselwagen entdeckte. Unter Mithilfe eines Mitgefangenen brachte ich ihn wieder in Ordnung. Von dem Tag an holte ich mir den Diesel für die LKW mit dem Tankwagen. Den LKW-Fahrern gab ich auf: Wenn ihr von euren Touren, auch nachts, zurückkommt, wird getankt. Morgens bin ich nicht zu sprechen. So tankte ich nachts bis zwei, drei Uhr und schlief dann bis morgens um elf.

Eines Tages, im Frühjahr 1946, wurden wir dann mit einem Zug Richtung Hessen befördert. Wir hatten noch keine Entlassungspapiere. In Gießen hielten wir an, am Gegenbahnsteig stand ein Zug nach Fulda, der gerade abfahren wollte. Ich stürzte in den abfahrenden Zug, hinter mir hörte ich lautes Fluchen, aber ich saß geduckt im Waggon und am Abend stapfte ich zum Schloss Bieberstein hinauf. Ich hatte einen schweren Infanterie-Übermantel an, besaß nur noch eine Stange Ami-Zigaretten, stank nach Diesel und war voller Läuse. Da hat man mir dann eröffnet, dass ich mich dem Abiturkurs anschließen könne, nur ein halbes Jahr, weil ich in der letzten Klasse erst eingezogen worden war, die anderen mussten ein Jahr machen und waren schon Monate dabei. Zahlen musste ich RM 100,– monatlich. Das hat mich gerettet. Ich vergess' das den Lietz-Schulen nie. Ich hatte ein warmes Bett, regelmäßig zu essen und ein normales Schülerleben. Dein Onkel Wolf war auch schon wieder da.

So fuhr ich nun erst einmal nach Fürstenfeldbruck zu meiner Schwester Benita. Die hatte ihre Wohnung verlassen müssen, weil sie mit einem Luftwaffenoffizier verheiratet gewesen war, und lebte mit ihren Kindern sehr beengt in der halb freigemachten Wohnung eines Landrats. Die Bahnreisen dauerten damals viele Stunden, in völlig überfüllten Zügen, meistens nachts.

Meine Mutter war noch in der »Zone« – wie es ihr erging, kannst du dir auf der Kassette anhören. Alle meine dieselgetränkten Klamotten wurden in einem Feuerchen verbrannt. Mit Sachen des gefallenen Mannes meiner Schwester wurde ich eingekleidet, auch mit einem sehr feinen, dunkelblauen Nadelstreifenanzug, mit dem ich dann in Bieberstein, sowohl bei unserem Tanzunterricht als auch bei der Abiturverabschiedung, einen sehr guten Eindruck machte! Wolf machte mit mir zusammen Abitur.

Nach unserem Abschluss bin ich mit zu ihm nach Hause gefahren. Das war ja nicht weit. Darüber habe ich dir schon einmal berichtet. Sein Vater Otto lag bereits krank im Bett. Er starb dann bald. Hatte mir aber den Kontakt zu der Firma hergestellt, bei der ich die Lehre machen konnte. Von allen anderen Tuchfabriken in der Gegend hatte ich bereits Absagen bekommen. Es waren die Beziehungen zu Wolfs Familie, die mir die ersten Jahre sehr geholfen haben. Für die war ich der »Mann vor Ort«. Der Telefonist in unserer Zentrale richtete mir nur aus: Familie E., aus Kassel kommend, um 19:07 Uhr am Bahnhof entgegennehmen und auf die Kreisbahn begleiten, oder: Frau R. kommt heute Nachmittag in die Stadt und will sich mit Ihnen dann und dann treffen.

Alles andere weißt du. Falls du noch Fragen hast, werd ich sie beantworten.

Die Beschreibung deines Telefongesprächs mit unserem Lehrling ist köstlich. Sie meint den Herrn Hüllen als *Ver*käufer, nicht als *Ein*käufer. Die Schilderungen über »Onkel«, wie er bei uns hieß, sind köstlich. Köstlich die Mutter, die Wolle sortiert hat. Ratiné war wie Floconné eine 1200 g/m schwere Mantelware, die mein Vater später mit Lambswool fertigte, wodurch er immer billiger als die Konkurrenz in Guttau sein konnte. Später, in meiner Aachener Zeit, haben wir noch 750 g/m schwere Ware gut verkauft. Über Nacht war es vorbei. Das ist heute allen viel zu schwer.

Das mit dem Gang von unserem Haus in die Stadt ist mir neu. Aber die Katakomben unter der Veranda, die wir bei unserem Besuch damals in Guttau gesehen haben, kannte ich ja auch nicht.

Meine Mutter war vor ihrer Verheiratung nicht viel rumgekommen, da hat sie schon lausitzische Redewendungen mitbekommen. Wir haben auch eine ganze Menge Slang geredet, aber zu Hause war das verboten, da achtete der Vater als Rheinländer sehr darauf.

Jetzt bin ich ausgequetscht wie eine Zitrone. Am Montag beginne ich das Buch über die Niederlausitzer Fabrikantenfamilie, das ich von dir bekommen habe, vielen Dank.

Euch ein schönes Wochenende, eure Tochter in Schuluniform würden Ilse und ich gern einmal sehen.

Herzlichen Gruß vom
Vater

Datum: 08. März 18:47
Betreff: Foto
Lieber Vater,
vielen Dank für deine lange Mail. Anbei ein Foto von Carlotta in Schuluniform aus Irland.
Erst einmal viele Grüße von deiner Tochter
Mari

Auf der Kassette, die mein Vater mir geschickt hat, befindet sich ein Interview, das die Journalistin eines kleinen Radiosenders mit meiner Großmutter aufgenommen hat, als die schon weit über neunzig war. Ich habe mich lange gescheut, es mir anzuhören, denn ich wusste, die Stimme meiner inzwischen verstorbenen Großmutter zu hören, würde mir sehr nahe gehen. Aber dann sitze ich eines Tages doch neben dem Rekorder, weil ich erfahren will, was sie über die Dinge sagt, nach denen ich sie nie fragen mochte. Nur einmal wollte ich von ihr wissen, warum mein Großvater nach dem Krieg eingesperrt worden war. Man wisse das nicht, lautete ihre Antwort, vielleicht weil in der Fabrik Militärtuche hergestellt wurden. In ihren letzten Jahren habe ich meine Großmutter nicht öfter als ein Mal im Jahr gesehen, sie lebte mit ihrer Tochter Benita in Süddeutschland, ich im Norden. Ich bemühte mich, sie wenigstens dieses eine Mal im Jahr zu besuchen. Sie hat meinen Großvater um mehr als fünfundzwanzig Jahre überlebt. Zuletzt konnte sie nur noch schlecht hören. Drei ihrer fünf Kinder waren schon gestorben. Sie war fest davon überzeugt, in den Himmel zu kommen. Und wenn es einen Himmel gibt, wer anderes sollte dort sein als diese Frau, die geduldig ertragen hat, was das Schicksal ihr auferlegte?

In diesem Interview erzählt sie von ihrer Jugend im Elternhaus neben der Fabrik, vom Schwimmbad im Garten, einem angestauten Arm des Baches, dessen anderer Arm für die Wollwäsche durch den Betrieb lief. Von sonnigen Sommern unter hundertjährigen Eichen, von Himbeeren, Stachelbeeren und Johannisbeeren, von endlosen Spielen mit ihrer älteren Schwester.

Manchmal gerät ihre eigene Kindheit mit der ihrer Kinder durcheinander.

Den Ersten Weltkrieg erlebte sie als tiefen Einschnitt, weil der große Bruder Walter 1915 fiel. Das muss um die Zeit herum passiert sein, als sie ihren Schulabschluss, die mittlere Reife, machte. Weil eine Freundin bei den Zinzendorfer Brüdern in Niesky zur Schule ging und meine Großmutter sich das auch so sehr wünschte, durfte sie dort ein Jahr verbringen. Es gibt ein Foto aus dieser Zeit. Sie ist groß gewachsen und sitzt an der rechten Seite ihrer Pensionatsgruppe, ein kleineres Mädchen steht hinter ihr, die Hände auf ihren Schultern. Die glatten dunklen Haare sind locker zu einem Knoten gebunden. Ich habe die braunen Augen von ihr geerbt. Ihr Mund ist eher schmal, die Länge des Abstands zwischen Kinn und Unterlippe findet sich bei vielen ihrer Nachkommen wieder. Die Nase ist eher klein und fein geschnitten. Sie trägt ein einfaches, langärmeliges Samtkleid, auf dem ich einen weißen Kragen vermisse. »Wir haben immer sehr einfach gelebt«, höre ich ihre Stimme von der Kassette. Ich glaube ihr das. Das Leben war schon aus Prinzip nicht luxuriös. Luxus waren die Reisen, die sportlichen Möglichkeiten. Man putzte sich nicht heraus. Das war protestantisch, obwohl bei Webers nicht viel zur Kirche gegangen wurde. Zu Weihnachten, das genügte. Die Mutter, eine katholische Professorentochter aus Brünn, war dem Ehemann zuliebe konvertiert. Überhaupt taten die Frauen der Familie ihren Männern gern jeden Gefallen, da waren sie ganz traditionell und die Männer erwarteten nichts anderes. Die Kinder wurden getauft und konfirmiert, aber die Feste blieben bescheiden. Nur die Hochzeit mit Carl 1920 wurde aufwändiger gefeiert.

Meine Großmutter berichtet von den Urlauben im Riesengebirge bei ihren Eltern, von den Reisen mit ihrem Mann nach Athen, Kopenhagen und immer wieder Berlin, wo sie ins Theater gingen oder die dort verheiratete Schwester besuchten.

Die Kinder wuchsen heran. Als die Nazis an die Macht kamen, waren sie zwischen zwölf und sieben Jahre alt

Am Wochenende wurde geritten. Wenn die Familie mit dem Auto quer durch die Stadt zum Reitstall fuhr, legten sich die Kinder im Auto auf den Boden, weil sie sich vor ihren Altersgenossen genierten. Als Kapitalistenkinder wollten sie nicht angesehen werden.

Die Jungen kamen ins Internat. Ich höre Benitas Stimme, die während des Interviews neben ihrer Mutter gesessen hat: »Die Jungen mussten so viel Dienst machen bei der Hitlerjugend, das hat meinem Vater nicht gepasst.«

Dann begann der Zweite Weltkrieg.

»Erst haben sie uns die Pferde weggeholt, dann haben sie uns die Kinder weggeholt«, sagt meine Großmutter. »Es war schrecklich.«

Auf die Frage, welchen Einfluss die Nazis auf die Fabrik genommen hätten, erzählt sie, wie der Prokurist in den Garten gekommen sei, als »der Dr. Ley drankam«, und erklärt habe, sie müssten nun in die Partei eintreten, sonst würde ihnen die Betriebsführung entzogen. »Mein Mann und der Prokurist sind dann eingetreten, aber nie richtige Parteigenossen gewesen, sondern nur so genannte Volksgenossen.«

Tante Benita wirft unvermittelt ein: »Erzähl doch mal von der Razzia.«

Ja, eines Tages habe es eine Razzia im Haus gegeben. Es seien drei oder vier Herren von der SS erschienen und hätten eine Hausdurchsuchung vorgenommen. Irgendjemand müsse ihren Mann angezeigt haben. Er sei von einem der Männer im Büro festgehalten worden, während die anderen mit ihr durch das Haus gegangen seien. Sogar den Karton mit den Briefen, die ihr Mann ihr geschrieben habe, hätten sie durchsucht und die Briefe gelesen. Dann hätten sie glücklich 120 Mark in fremden Devisen gefunden. Für den Besitz dieses Geldes habe Carl Hüllen 20.000 Reichsmark Strafe zahlen müssen, dabei sei es doch nur das Kleingeld gewesen, das er für seine Auslandsreisen gebraucht habe.

Meine Großmutter erinnert sich nicht mehr genau an das

Jahr der Fabrikschließung. »Den Letzten beißen die Hunde«, habe Carl Hüllen immer gesagt.

Jedenfalls sei die Firma Weber geschlossen worden und die anderen Fabriken in der Stadt hätten immerhin noch mit halber Kraft fahren dürfen.

Dann kamen Seifhennersdorf und das Kriegsende. Wie das gewesen sei?

Carl Hüllen habe sie, seine Frau, mit den beiden alten Leuten, deren Fabrik er kommissarisch leitete, und einem körperbehinderten Kind, wahrscheinlich deren Enkel, weggebracht, als die Russen durch Seifhennersdorf zogen, habe sie versteckt und am nächsten Tag wieder abgeholt.

Bis zu seiner Verhaftung habe Carl in der russischen Kommandantur gedolmetscht, erzählt sie. Zwischendurch sei er zweimal in Guttau gewesen, um nach der Fabrik zu sehen. Am 16. September seien dann in Seifhennersdorf ein paar Russen erschienen und hätten ihn mitgenommen. Zuvor hätten sie und ihr Mann verabredet, sich, falls mal etwas passiere, in Cottbus bei guten Freunden zu treffen. Sie habe ihm in einen Rucksack etwas Wäsche gepackt und eine schöne Decke und was er sonst noch brauchte. Später habe sie erfahren, dass ihm der Rucksack schon am dritten Tag gestohlen worden sei. Er habe dann gar nichts mehr gehabt, keine Wäsche, nicht mal einen Löffel. Dann habe sie mehr als vier Jahre nichts von ihm gehört.

Ich halte die Kassette an und denke darüber nach, dass da einer nie Soldat war und acht Jahre von den Russen inhaftiert, das erste Mal nur wegen seiner Nationalität, das zweite Mal, ja, warum eigentlich?

Auf diese Frage weiß meine Großmutter keine rechte Antwort. Weil er Parteimitglied war? Sie denkt lange nach, setzt an, findet keine Worte. Ich verstehe nicht, was sie sagt. Sie ist zweiundneunzig, manchmal klingt ihre Stimme verwaschen, undeutlich. Wenn sie über ihre Jugend spricht, die Kinder, das glückliche Leben mit ihrer Familie, ist sie gut zu verstehen.

Sie bleibt noch ein Jahr in Seifhennersdorf und arbeitet als Näherin und als Köchin. Sie kocht für sechzig Frauen, mit fast nichts als ein paar Nudeln und etwas Gemüse. Ihre Stimme wird lebhaft und entschieden, als sie erzählt, wie sie einmal aus großen Mengen von Gurken und etwas Milch ein schmackhaftes Gurkengemüse herstellte, obwohl die Frauen eine solche Art der Zubereitung nicht kannten.

Nach diesem Jahr des Abwartens zieht sie zu ihrer Tochter Benita und kümmert sich um deren Kinder. Benita richtet sich eine kleine Leihbibliothek ein und von den Pfennigen, die sie damit verdient, kauft sie Milch und Brot für ihre Familie. Sie wohnen beengt, wie fast jeder nach dem Krieg.

Im Januar 1950 findet Carl Hüllen seine Frau tatsächlich über die Freunde in Cottbus wieder.

Datum: 13. März 18:53
Betreff: Lieber Vater
Eben habe ich mich am Telefon lange mit deiner Cousine Margit unterhalten, die ja von 1946 bis 1955 genau dort gelebt hat, wo Robert herkommt. Oma hat mir das erzählt, als ich heiratete, ich hatte es aber wieder vergessen, sehr merkwürdig! Ich wünschte von ganzem Herzen, ich hätte sie damals genauer befragt. Deine Großeltern kamen mit Tochter und Enkelin von Hain im Riesengebirge nach Hameln an der Weser. Roberts Großvater war dort Domänenpächter (du weißt, der mit dem Rauswurf aus der Partei, weil er seine Geschäftsbeziehungen mit jüdischen Partnern nicht brav abgebrochen hatte). Nach dem Krieg war die ganze alte Wasserburg voller einquartierter Flüchtlinge, zwei davon die Schwester deiner Mutter und deine Cousine Margit.

Deine Großeltern Hanns und Lilli waren im Dorf bei einem alten Fräulein einquartiert. Es muss ein jämmerliches kleines Zimmer gewesen sein mit schrecklich schlechten Betten für die beiden Alten. Margit hat mir viele Informationslücken gefüllt. Ich denke daran, an einem der Ostertage zu ihr zu fahren. Außerdem kam heute dein Zeitungsausschnitt. Vielen Dank. Aber jetzt gerade reden alle gleichzeitig mit mir, später mehr.

Liebe Grüße von deiner Tochter

Datum: 14. März 15:31
Betreff: Margit
Also, noch mal zum Telefongespräch mit Margit.

Sie war ja mit ihrer Mutter bis zur Vertreibung durch die Polen in Hain im Riesengebirge. Bis zum Sommer 1946 durften sie noch, zusammengerückt, in ihrem Haus bleiben. Dann sind sie mit dem Lastwagen, gemeinsam mit ihren Großeltern, also meinen Urgroßeltern Hanns und Lilli, wenn ich richtig verstanden habe, nur mit dem, was sie tragen konnten, in den Westen transportiert worden und zuletzt auf der Domäne von Roberts Großvater gelandet. In Hameln am Bahnhof kam ihnen auch noch der Rest ihres Gepäcks abhanden, mit dem im Bettzeug eingenähten Schmuck und Geld. Seine Zither trug der alte Hanns Weber aber unter dem Arm und gab sie nicht aus der Hand. Sie wurde ihm bei den Kontrollen nicht abgenommen, weil Margit sich für ihren Großvater sehr einsetzte und weil er ein alter, fast blinder Mann war.

Über den Großvater hat Margit berichtet, dass er ein glühender Judenhasser war, nur der jüdische Hutfabrikant Berthold Lissner sei sein Freund gewesen, deshalb kam dir der Name wohl bekannt vor, als wir vor einiger Zeit darüber sprachen.

Weiter erzählte sie, der Großvater sei in seinen Vierzigern am Grünen Star erkrankt und langsam erblindet, und sie, Margit, habe ihm irgendwann während des Krieges in Hain vorgelesen. Ich fragte sie, ob sie sich erinnern könne, aus welchem Buch, und sie wusste es noch, sogar Titel und Verfasser (weil sie Bibliothekarin war!). Das Buch heißt: »Ein Christ erlebt die Probleme der Welt« von Gustav Adolf Gedat. Ich habe gleich unter www.zvab.de im Internet nachgesehen. Es ist natürlich zu haben, sogar einen Lebenslauf des Verfassers habe ich gefunden. So kann ich mir vorstellen, womit sich Hanns beschäftigt hat. Den »Völkischen Beobachter« habe er natürlich auch gelesen. Und dass meine Urgroßmutter Lilli Österreicherin war, habe ich mir nie klargemacht; Brünn gehörte damals natürlich zu Österreich.

Nach allem, was Tante Margit erzählt, war Hanns ein echter Nazi. Anhänger von Turnvater Jahn, Nationalist und Patriot, Antisemit, erfüllt von den verquasten rassistischen Theorien der Nazis. Zuletzt habe er aber sehr über sie geschimpft. Margit sagte, sie habe sich immer gewundert, dass ihn niemand angezeigt hat. Worüber er sich genau aufgeregt hat, wusste sie nicht mehr. Sie selbst habe fast nichts gewusst, sie habe natürlich keine Zeitung gelesen. An die Kristallnacht erinnere sie sich, aber sie habe immer gedacht, das sei nur *eine* brennende Synagoge gewesen, nicht alle Synagogen am selben Tag in ganz Deutschland.

Dann konnte sie mir noch ein paar andere Fragen beantworten.

Dass ein Kind deiner Großeltern mit fünf Jahren an Tuberkulose starb und ein Foto des Kindes im karierten Kleidchen bei ihrer Großmutter Lilli immer auf der Kommode stand – es ist auch bei den Fotos in den Alben. Dann habe es noch einen kleinen Jungen gegeben, der aber schon ein paar Tage nach seiner Geburt an einem Herzfehler gestorben sei. Alles vor 1900. Wir haben heute tatsächlich vergessen, wie hoch die Kindersterblichkeit war! Es muss für deine Mutter ein großes Glück gewesen sein, dass keins von euch als Säugling oder Kind gestorben ist. Bis dann der Krieg kam. Was für eine Katastrophe!

Ich werde Margit wohl an den Ostertagen mal mit den Fotoalben besuchen. Sie hat sich gefreut, dass ich nachfrage, und bedauert sehr, dass ihre Töchter gar nichts wissen wollen.

Alle diese Geschichten werden von den weiblichen Familienmitgliedern weitergegeben, die auch den Klatschanteil daran kennen. Ich komme immer mehr zu der Überzeugung, dass diese vielen Gespräche, die Frauen so über das scheinbare Nichts führen, wichtig sind für das Bewahren von Traditionen in Familien.

Viele Grüße von deiner Tochter

Mari

Das Buch von Gustav Adolf Gedat, »Ein Christ erlebt die Probleme der Welt«, wird mir im Haus der Wannseekonferenz ohne weiteres aus dem Keller geholt. Ich bin immer wieder überrascht, dass es so einfach ist.

Gustav Adolf Gedat, geboren 1903, gestorben 1971, war Schriftsteller, Missionar und Politiker und gehörte der christlichen Jugendbewegung an. Seit 1938 hatte er Rede- und Schreibverbot und führte bis 1944 ein Hotel in Danzig. Nach 1945 wurde er Generalsekretär des CVJM. Von 1953 bis 1965 saß er für die CDU im Bundestag.

Ich blättere in dem Buch und lese:

»Es gibt eine Zukunft Deutschlands nur dann, wenn es auch eine Zukunft Europas gibt. Beide sind so eng miteinander verbunden, dass sie sich nicht voneinander trennen lassen. Es gibt aber nur dann eine Zukunft Europas, wenn Deutschland eine Zukunft hat. Hier liegt das Ungeheure, das Gott unserem Deutschland und seinem Führer als Aufgabe gestellt hat. Das Schicksal Europas, das Schicksal des Westens, die Zukunft des ganzen Kulturkreises, von dem ich rede, liegt in der Hand Deutschlands ...

Der Endsieg des Nationalsozialismus in Deutschland wird den Völkern des Westens den Weg weisen, den sie gehen müssen, um sich selbst zu retten. Nur so sehe ich den Ausweg aus dem Chaos, nur so eine letzte Möglichkeit, in dem Zusammenprall der Kulturkreise, bei der Auseinandersetzung zwischen Ost und West zu siegen. Das aber ist für Deutschland alles andere als Grund zur Überheblichkeit. Es ist vielmehr heilige Verpflichtung und ernste Forderung ...

Den Christen erwächst in diesem Zusammenhang eine besondere Aufgabe und eine besondere Verantwortung. Wie Gott durch das Werk der Reformation den Deutschen die Möglichkeit und den Auftrag gegeben hat, das weltanschauliche Geschehen in Europa auf Jahrhunderte zu bestimmen, so glaube ich, dass der evangelischen Kirche im neuen Deutschland in all den weltanschaulichen Auseinandersetzungen ganz große Aufgaben erwachsen, wenn die Kirche und ihre Führer sie sehen und bereit sind, die Aufgaben zu erfüllen. Das allerdings erfordert ganze Hingabe an den Herren der Kirche, den gekreuzigten und auferstandenen Christus.«

Was für eine Sprache! Sie ist mir so fremd, so unangenehm. Diese Vermischung von Nationalismus und Religiosität, von Glauben und nationaler Selbstüberschätzung, Religion und Politik.

Inge Deutschkron, eine jüdische Journalistin, nennt Gedat in ihrem Buch »Mein Leben nach dem Überleben« einen »in der Wolle gefärbten« Nazi, weil er als Mitglied des Bundestages noch im Jahr 1965 dafür sorgte, dass der Film »Das Haus in der Karpfengasse« auf dem Filmfestival in Cannes nicht gezeigt wurde. Der Film schildert das Schicksal von Flüchtlingen aus Prag während der Nazizeit.

Inge Deutschkron unterscheidet – so wie Sebastian Haffner und Carl Zuckmayer – zwischen nominellen Mitgliedern der Partei und überzeugten Nazis und bringt »ein gewisses Verständnis« dafür auf, dass Menschen durch einen Parteieintritt versuchten, ihre Karriere zu retten. Allerdings erscheinen sie ihr feige, denn es habe in Deutschland auch Menschen gegeben, die lieber auf ihre Karriere verzichtet haben, als sich der NSDAP anzudienen. Aber dass jemand sich in den Nazis geirrt und sich dann in einen Demokraten verwandelt haben könnte, hält sie für ausgeschlossen. Schließlich hätten die Nazis an ihren Zielen und verbrecherischen Absichten keinen Zweifel gelassen.

Datum: 17. März 17:44
Betreff: Dank für die beiden eMails
Hallo Tochter,
von einer kleinen Reise an den Chiemsee zurück, finde ich heute Morgen deine beiden eMails. Hab herzlichen Dank.

Das wusste ich nicht, dass Margit ausgerechnet auf der Domäne von Roberts Großvater war. Es gibt schon Zufälle.

Du findest immer neue Quellen und müsstest doch inzwischen ein ganzes Archiv zusammenhaben. Ich lasse mich überraschen.

Meine Schwester Benita hat am Telefon fast vorwurfsvoll gesagt, sie hätte doch viel mehr berichten können.

Ich konnte nur sagen, das könne sie ja gern noch ergänzen!

Also habe ich mit Interesse die Schilderungen von Margit gelesen, Ilse ebenso.

Ilse und ich grüßen herzlich.

Datum: 27. März 12:18
Betreff: Lieber Vater
Endlich wird es etwas wärmer. In unserem Garten sind so viele blaue Krokusse, dass die Vermutung nahe liegt, sie vermehren sich nicht nur über ihre Zwiebeln, sondern vielleicht doch durch Samen. In den Nachbargärten ist es genauso und sogar im Wald um uns herum findet man sie. Des Restlaubs sind wir für dieses Jahr weitgehend Herr. Hanna muss viel für die Schule lernen, aber jetzt geht sie jede freie Minute raus und springt auf dem Trampolin oder spielt mit ihren Freundinnen Tischtennis. Der Irakkrieg beschäftigt uns natürlich sehr. Ich glaube nicht, dass er seinen Zweck erfüllt, sondern neues Leid und Rachegelüste bringen wird.

Robert hat gestern hier zu Hause seine Erkältung gepflegt. Das ist mal schön. Ich bemühe mich, viel zu arbeiten und mich wenig ablenken zu lassen. Carlotta hat gestern Abend aus Irland angerufen und wir haben ein wenig über die Billignummer geschwatzt. Solltest du ihr zu ihrem Geburtstag schreiben wollen, sie freut sich bestimmt.

Es geht ihr gut! Ihr Englisch macht Fortschritte, auch durch regelmäßiges Fernsehen!!

Wie geht es euch? Das Wetter bei euch im Süden muss doch schon ganz prächtig sein?

Viele herzliche Grüße von deiner Tochter

Mari

Datum: 28. März 17:12
Betreff: Endlich wieder etwas aus dem Osten
Liebe Tochter,
eben öffne ich meinen Briefkasten und finde deine Mail. Hab herzlichen Dank.

Auch hier kommt der Frühling näher. Der Gärtner ist bestellt. Alles, was ich früher gern selbst gemacht habe, soll nun er machen: Rasen vertikutieren und düngen, nachsähen, die Hecke schneiden und die Beete mit Torf bestreuen. Leider scheint das Wetter jetzt langsam etwas schlechter zu werden. Es müsste auch mal wieder regnen.

Von deiner Tochter hören wir mit Vergnügen. Ihrem Englisch wird es sehr gut tun. Ihre Anschrift nahm ich gern zur Kenntnis. Mit dem Euro ist das ja ganz praktisch. Da kann man ja ein Scheinchen rübersenden.

Mit Grüßen an die Familie und dich
Vater

Datum: 29. März 9:19
Betreff: Lieber Vater
Gestern Abend habe ich mich länger mit deinen Seiten über deinen Vater beschäftigt. Manches habe ich nicht ganz verstanden. Du schreibst über deinen Bruder Richard, er sei schon vor dem Krieg ein Sozi gewesen und habe sich mit den Leuten aus dem Betrieb geduzt. War er ein Sozi oder ein Nazi? Er sei dann gleich in die Partei eingetreten. Könntest du mir das genauer erklären? Später hast du dann mal geschrieben, nach der Gefangenschaft sei er möglicherweise Kommunist geworden, in der Gefangenschaft umgedreht.

Herzliche Grüße von deiner Tochter
Mari

Datum: 30. März 9:17
Betreff: Ob Sozi, ob Nazi
Liebe Tochter,
beim Umstellen der Zeit im PC auf Sommer finde ich gleich deine Mails.

Frage: Müsst ihr bei eurem PC die Uhrzeit noch umstellen oder macht das die Zentraluhr von Frankfurt?

Da stellst du mir Fragen. Ich meine, dass Richard schon vor seiner Soldatenzeit in die Partei eingetreten ist. Mit Sicherheit kann ich dir das aber nicht sagen. – Trinkst du auch so gerne Weinschorle? Mit gutem Weißwein oder einem spanischen Rosé. Herrlich. Steht immer eine Flasche im Kühlschrank. – Alles andere nimm, wie von mir geschrieben. Präziseres weiß ich nicht.

Solltest du noch mehr nicht verstanden haben, so musst du mich befragen. Hier immer noch schönes Wetter, nicht mehr strahlend, vor allem viel zu trocken. Wir warten täglich auf den Gärtner, der soll zwar nicht sprengen, aber alles andere richten.

Herzlichen Gruß
Vater

Datum: 02. April 12:17
Betreff: Lieber Vater
Gestern kam die Kurzgeschichte aus der Süddeutschen, die mir sehr gut gefällt. Der Junge, der den schweren Koffer tragen muss, den Hitler hinterlassen hat. Das ist die Botschaft: Ihr Jungen musstet damals diese psychische Last aus dem Inferno mitnehmen und vielleicht tragt ihr sie noch und tragt schwer daran.

Vielen Dank, ich werde jetzt gleich mal wegen allerlei Fragen mit Tante Benita telefonieren. Wir haben das gestern Abend verabredet.

Viele Grüße von deiner Tochter
Mari

Datum: 03. April 18:56
Betreff: Guttau
Lieber Vater!
Am Samstag fahre ich mit dem Zug nach Guttau, hoffe, dass der Geschichtslehrer mich durch die Stadt führt, und zeige ihm Fotos. Es gibt ja in Omas Alben ein paar Sachen über die Stadt. Fotos von Schulklassen und von der Fabrik und so weiter. Abends zurück, deshalb mit dem Zug, weil es nur zweieinhalb gemütliche Stunden sind.

So, jetzt sollte ich mal an ernsthaftes Arbeiten denken. Es macht mich sehr froh, wenn ich herumsuchen kann und auch immer etwas finde.

Für euren Urlaub wünsche ich euch alles Gute.

Viele Grüße von deiner Tochter

Mari

Vom Bahnhof in Guttau führt eine lange, gerade Straße fast ohne Häuserbebauung in Richtung Innenstadt. Ich ziehe einen kleinen Koffertrolli hinter mir her, in dem ich die Fotoalben verstaut habe. Es weht ein kalter Wind und meine Augen beginnen zu tränen. Ich bin ganz allein und mir fällt ein, dass die Alben nach mehr als sechzig Jahren zum ersten Mal einen Besuch zu Hause machen. Hier sind die meisten Bilder geknipst worden. Ich denke daran, dass der Gärtner sie vor sechzig Jahren aus dem Haus meiner Großeltern geholt und in eine Holzkiste gepackt hat. Die hat er zugenagelt und, auf welchem Weg auch immer, nach Westen geschickt. Ein bisschen Silberbesteck und wichtige Unterlagen soll meine Großmutter, ebenfalls auf abenteuerlichem Weg, zu Fuß, in überfüllten Zügen, als Mitfahrerin in überfüllten Lastwagen, über die grüne Grenze zwischen den von den Russen und den Engländern besetzten Zonen geholt haben. So wie es tausendfach in Deutschland nach dem Ende des Krieges stattgefunden hat.

Ich friere.

Ein Taxi hält neben mir an und der Fahrer fragt, wo ich hinwill, und dann, ob er mich unentgeltlich mitnehmen dürfe.

Sein Halteplatz sei sowieso an der Hauptstraße. Das tröstet mich. Jemand hat mich willkommen geheißen.

Mit Herrn Paul bin ich in der Bäckerei auf der Hauptstraße verabredet, die von einer westlichen Vertriebskette mit sehr viel Licht und Spiegeln, einer großzügigen, modernen Sitzecke und vielen falschen Grünpflanzen dekoriert ist. Zum Ausgleich ist die Bedienung sehr freundlich und es gibt über Brot, Brötchen und Kuchen hinaus einige kleine Gerichte.

Peter Paul ist ein paar Jahre jünger als ich. Er ist hier aufgewachsen. Er hat einen kleinen Verlag gegründet und schreibt über seine Heimatstadt. Dabei spart er auch Reizthemen nicht aus, wie die Vertreibung der Juden. Er will von mir wissen, weshalb ich mich auf die Suche nach meiner Familie und ihrer Geschichte in dieser Stadt gemacht habe. Ich sage, dass ich herausfinden will, ob meine Familienmitglieder wirklich Nazis waren und ob sie schuldig geworden sind. Außerdem sei ich davon überzeugt, dass Familiengeheimnisse für Nachkommen schädlich seien und überhaupt. Er sieht mich zweifelnd an und ich höre auf zu reden. Verdammt, was rechtfertige ich mich auch ständig! Wo immer ich hinkomme, wo immer ich Fragen stelle, erkläre ich wortreich, warum ich das tue, als müsste ich eine Berechtigung vorweisen. Als ich im Bundesarchiv von einer Mitarbeiterin gefragt wurde, wofür ich recherchiere, ging es mir genauso. Ich war geradezu verblüfft, als sie bei meinem Ansinnen »Familienforschung« keinerlei Überraschung zeigte.

Die Sonne kommt heraus und wir wollen die kurze trockene Phase zwischen zwei Schauern für einen Stadtrundgang nutzen. Meine Alben deponieren wir erst einmal in seinem Auto. Dann führt er mich durch die Innenstadt. Wir kommen an einem Krankenhaus vorbei, das von einer jüdischen Familie gestiftet wurde. Auch das Grundstück des Rudervereins ist vor hundert Jahren von einem jüdischen Hutfabrikanten gestiftet worden, Berthold Lissner. Wir wandern über eine Brücke in den Ostteil der Stadt, der heute polnisch ist. Dort stehen die Villen, die früher den Eigentümern der großen Tuch- und Hutfabriken gehört haben. Nur die meiner Familie stand ganz im Westen, also jetzt noch in Deutschland. Vom Theater sind nur noch Reste zu sehen; es wurde bei dem großen Bombenangriff zum Ende des Krieges zerstört. Die Ruine der großen Stadtkirche ist notdürftig gegen Steinschlag gesichert. Daneben die leeren Stände eines Polenmarktes. Die Leute kommen zum Einkaufen und zum Tanken hier herüber. Das ist für Deutsche sehr billig.

Es fängt an zu schneien. Typisches Aprilwetter. Ich versuche, mich unter meinem großen Schal zu verstecken.

Zuletzt kommen wir an einem Gedenkstein für die zweihundert vertriebenen Juden Guttaus vorbei, an dessen Aufstellung Peter Paul maßgeblich beteiligt war und der in der kurzen Zeit seiner Existenz schon mehrfach von Neonazis beschmiert worden ist.

Dann gehen wir eilig zurück.

Später fahren wir zu Frau Spät, die mich zu Kaffee und Kuchen eingeladen hat. Sie wohnt in einem Neubaugebiet und hat eine kleine, sehr aufgeräumte Wohnung. Sie selbst hat bis Kriegsende in einem Dorf gelebt, das heute in Polen liegt. Wir betrachten die Fotos. Ich frage sie, wohin die Möbel aus dem Haus meiner Großeltern gekommen sein könnten. Sie müssten doch irgendwo geblieben sein.

»Sie sind an die Flüchtlinge verteilt worden, die aus dem von den Polen besetzten Gebieten kamen«, sagt sie. »Wir hatten doch nicht mehr als das, was wir am Körper trugen.« Das gefällt mir. Es klingt besser als: geplündert! Zerstört! Verbrannt!

Gemeinsam betrachten wir die Bilder in den mitgebrachten Alben und Peter Paul erbittet sich einen Abzug des Fotos, das Friedrich Weber mit seiner Frau zeigt. Mein Urgroßvater war aus Thüringen gekommen und hatte sich in den sechziger Jahren des 19. Jahrhunderts mit Bertha Hocker verheiratet, der Tochter des Tuchfabrikanten Hocker. Er wurde ein anerkannter Bürger Guttaus, später Stadtrat. 1895 kaufte er für seinen Sohn Hanns die ehemalige Mühle im Westen der Stadt, die schon lange Tuchfabrik war, und von da an galten die Webers den Hockers als Konkurrenz, eine Geschichte, der mehr als fünfzig Jahre später eine weitere Facette hinzugefügt werden sollte.

Peter Paul bringt mich zum Bahnhof und wir sitzen noch lange im Auto und reden über die merkwürdigen Schlangenlinien der Geschichte. Dann kommt mein Zug.

Datum: 27. Mai 22:13
Betreff: Lieber Vater
Bist du wieder mailbereit?
Viele Grüße von deiner Tochter

Datum: 02. Juni 8:34
Betreff: Lieber Vater
Wer ist eigentlich Armin Hocker? Ich habe seinen Namen im Internet gefunden.

Carlotta ist gestern Abend wohlbehalten aus Irland zurückgekehrt.

Bis bald, Mari

Datum: 05. Juni 12:02
Betreff: Hurra, es scheint geklappt zu haben
Liebe Tochter,
auf ein Neues. Ich hatte mich bereits wortgewandt über Armin Hocker ausgelassen, da wollte mein PC nicht mehr, alles weg.

Also, die genauen verwandtschaftlichen Verhältnisse weiß ich auch nicht. Schau bitte in den Stammbaum. Friedrich Weber hat sich aus wer weiß was für Gründen von den Hockers getrennt und mit der Abfindung eine eigene Fabrik gekauft. Für meinen Vater waren die Hockers Konkurrenten, für Hockers war er wohl »der kleine Hüllen dahinten im Westen der Stadt«.

Jetzt hör gut zu: Die Fabrik, die mein Vater und mein ältester Bruder in den fünfziger Jahren noch einmal eröffnet haben, ging mit Richards Freitod Pleite. Ich ließ mich beraten und bat dann meinen Vater, alles zu unterschreiben, was wir ihm unterbreiteten, aber sich ansonsten in die ganze Abwicklung nicht einzumischen.

Ohne »die rechte Hand zu heben«, ging Opa aus dieser Pleite heraus, nur tragisch: Den Betrieb im Schwarzwald ersteigerte Armin Hocker. Ich habe seitdem immer mal Kontakt zu ihm. Er hat eine alte Kinderfrau, die hier im Altersheim ist. Deshalb kommt er ab und zu her. Als ich seinerzeit meine Hüfte im Schwarzwald auskurierte, habe ich ihn besucht. Einem Sohn von ihm habe ich hier einmal bei einer Tuchfabrik eine Stage besorgt, der hat dann wochenlang in unserem Appartement unter dem Dach gewohnt. So gibt es Verbindungen, aber keine engen.

Für deinen Opa war das natürlich tragisch, dass gerade ein Hocker seine kleine Fabrik ersteigerte, aber da wohnte er schon in Fürstenfeldbruck, brachte dir das Schwimmen bei und fuhr, wenn ihm die Decke auf den Kopf fiel, nach München.

In Guttau im Gymnasium soll ich Armin einmal verhauen haben, nach verdrehtem Stammbaum ist er nämlich mein Onkel! Es hat ziemlichen Krach gegeben.

Das war's. Das Wetter ist auch bei uns noch sehr schön und heiß, aber es soll umschlagen.

Gruß vom Vater

Ich muss mir immer wieder vergegenwärtigen, was ich herausgefunden habe. Benita heiratet am 28. Mai 1941 einen Luftwaffenoffizier, der das große Vorbild für ihren jüngsten Bruder werden soll, meinen Vater.

Im Juni 1941, gleich zu Beginn des Russlandfeldzuges, wird Georg erschossen.

Pfingsten 1942 stirbt Jürgen Weber, von den Hüllen-Kindern liebevoll »Onkel« genannt, mit siebenunddreißig Jahren an einer Lungenentzündung. Noch Jahrzehnte später behauptet seine Schwester, meine Großmutter, in jenem Interview, er hätte durch eine Spritze gerettet werden können, die seine junge Ehefrau verweigert habe. Er hinterlässt drei noch sehr kleine Kinder. Bis in meine Generation hinein gibt es fast keinen Kontakt mit diesem Zweig der Familie, der Vorwurf der versagten Spritze scheint zu schwer zu wiegen.

Im Sommer 1942 wird die Tuchfabrik wegen Mangels an Material, also an Rohwolle, geschlossen.

Das Kriegsende erlebt die Familie verstreut. Carl Hüllen wird in einem russischen Speziallager eingesperrt.

Richard und mein Vater geraten in russische bzw. englische Gefangenschaft, aus der mein Vater nach einigen Monaten, Richard jedoch erst nach fast fünf Jahren zurückkehrt.

Nach der Rückkehr Richards und seines Vaters Carl aus der Gefangenschaft übernehmen die beiden Mitte der fünfziger Jahre eine kleine Tuchfabrik im Schwarzwald. Der Versuch, mit dem Lastenausgleich noch einmal etwas aufzubauen, geht buchstäblich den Bach hinunter und Richard wird von seiner Mutter tot auf dem Dachboden gefunden. Für meinen Großvater muss der Übergabe der kleinen Fabrik in die Hände des Konkurrenten Hocker eine schwere Kränkung bedeutet haben. Meine Großmutter hingegen war eine Enkelin von Bertha Hocker und Armin war ein Vetter von ihr. Was mag sie darüber gedacht haben?

Als ich mich irgendwann entschließe, mit Armin Hocker zu telefonieren, erzählt er mir, Richard habe ihn am Abend vor seiner Verzweiflungstat angerufen und gesagt, es gehe ihm schlecht. Ob Armin in den Schwarzwald kommen könne, um zwischen ihm und seinem Vater zu vermitteln? Da habe er, Armin, sich ins Auto gesetzt und sei die ganze Nacht hindurch gefahren. Bei seiner Ankunft am nächsten Morgen sei es aber schon zu spät gewesen.

Dieses Telefongespräch lässt mich nicht mehr los. Armin Hocker schreibt mir ein paar Tage später in einem Brief, wie sehr es ihn aufgeregt habe, über die längst vergangenen Zeiten zu sprechen.

Vielleicht war ich deswegen als Kind monatelang bei meinen Großeltern. Um sie zu trösten und abzulenken?

Datum: 09. Juni 16:35
Betreff: Lieber Vater
Vielen Dank für deine Mail über Armin Hocker, das sind ja sehr beeindruckende Vernetzungen.

Von einem Vetter, auch einem, den ich gar nicht kenne, er heißt Lars, habe ich überraschend Kopien von Gedichten unseres gemeinsamen Urgroßvaters Hanns bekommen, die der nach dem Krieg geschrieben hat, die meisten im Altersheim. Ich war ganz von den Socken, als ich sie bekam.

Es sind bestimmt fünfzig Gedichte, über die politische Lage und seine persönliche Situation im Altersheim. O-Ton eines schon sehr alten Mannes. Er war überzeugt, dass die Deutschen ungerecht behandelt worden waren, sein Antisemitismus war ungebrochen. Gar nicht so schlechte Gedichte, aber Ansichten von 1919. Keinerlei Bewusstsein über die kriminellen Machenschaften der Nazis. Ich bin dankbar, dass ich mir das alles jetzt besser vorstellen kann.

Herzliche Grüße von deiner Tochter
Mari

Datum: 10. Juni 14:50
Betreff: Bis auf Freitag
Liebe Tochter,
vor unserer Reise in die Rhön habe ich deine Mail von gestern noch in Empfang genommen und danke dir dafür.

Es könnte sein, dass mein Großvater auch in den Jahren nach dem Krieg noch nicht über das ganze Ausmaß der Pogrome der Nazis gegen die Juden Bescheid wusste. Ich will meinen Opa nicht in Schutz nehmen. Von mir kann ich nur sagen, dass mir die Judenverfolgungen in ihrem ganzen Ausmaß erst in den sechziger, siebziger Jahren bewusst wurden. Direkt nach dem Krieg hatten wir alle damit zu tun, wieder auf die Beine zu kommen und die lebensnotwendigsten Dinge in den Griff zu bekommen. Mit Politik hat sich der alte Hanns immer beschäftigt. Wenn Flieger über sein Grundstück donnerten, hat er die Faust erhoben und auf irgendwas geschimpft.

Wie sind die Gedichte zu Lars gekommen? Er muss ein Enkel von Jürgen sein. Ich kenne ihn selbst gar nicht.

Wir fahren auf mein Abiturtreffen, wir haben Siebenundfünfzigjähriges!

Dein Vater

Datum: 10. Juni 15:39
Betreff: Re: Bis auf Freitag
Lieber Vater,
vielen Dank. Die Gedichte sind in die Hände von Lars gekommen, weil er der Sohn des ältesten Sohnes von Jürgen Weber ist, und auf die Fortführung der männlichen Linie ist in dieser Familie ja immer größter Wert gelegt worden. Zuerst habe ich mit seinem Vater telefoniert. Ich habe ihm gleich erklärt, dass ich mich für möglicherweise noch ungeklärte Restitutionsangelegenheiten nicht interessiere, nur für die Familiengeschichte.

Bis Freitag, deine Tochter
Mari

Es existieren drei Kladden und eine Aktenmappe mit Texten von meinem Urgroßvater Hanns Weber – fast ausnahmslos Gedichte. Sie stammen aus der Zeit von August 1951 bis September 1956 und wurden von verschiedenen Personen aufgeschrieben, die meisten in alter deutscher Schrift. Hanns Weber war an Grünem Star erkrankt und konnte, wie er selber schrieb (oder diktierte), die Welt nur noch Grau in Grau sehen. Die letzten fünfzehn Jahre seines Lebens verbrachte er, die längste Zeit in Gesellschaft seiner Frau Lilli, in einem Altersheim in Westfalen, wohin ihn seine Kinder und Enkelkinder gebracht hatten. Er war fast völlig mittellos.

Hanns Weber wurde 1867 in Guttau geboren. Als seine Mutter Mitte der neunziger Jahre starb, hatte der Vater gerade eine Tuchfabrik gekauft, die Hanns später übernahm und die er bis 1920 leitete. Bis 1946 wohnte er im Riesengebirge, dann musste er mit Frau, Tochter und Enkelin ausreisen und landete im Weserbergland. Hanns Weber überlebte seine Lilli um zweieinhalb Jahre und starb 1961.

Ich erinnere mich an einen alten, blinden Mann mit langem, weißem Bart und wenig Haaren auf dem Kopf. Ich sitze auf seinem Schoß und die weichen Barthaare streichen über mein Gesicht. Ich habe ihn höchstens zwei- oder dreimal gesehen, aber es gibt ein Foto von mir mit ihm, das meine Erinnerung wach gehalten hat.

Hanns Weber hatte als alter Mann drei Themen, die ihn beschäftigten und über die er schrieb: Deutschland, das so ungerecht von seinen Feinden geschlagen worden sei; das Altersheim, in dem er sich lebendig begraben fühlte; der christliche Glaube und die Institution Kirche.

Zu Hitler fällt ihm Goethe ein, der über Napoleon gesagt haben soll: »Außerordentliche Menschen treten aus ihrer Moralität heraus, sie wirken zuletzt wie physische Ursachen, wie Wasser und Feuer.« Das dämonisch Grausame an Hitler sei erst durch den von England mit äußerster Brutalität geführten Krieg und den »vielen Verrat« geweckt worden. Die Deutschen seien von ihren Feinden zu Sklaven gemacht worden, zu einem Volk ohne Sonne und Raum, bewacht wie eine Verbrecherkolonie.

Nicht der deutsche Kaiser, nicht Hitler hätten ihn, Hanns, interessiert, nur das Wohl des Vaterlandes. Zwei seiner Söhne und drei Enkel seien für dieses Vaterland geopfert worden.

Schuldig an der verzweifelten Lage Nachkriegsdeutschlands seien das »Weltjudentum« mit seinem vielen Geld aus den USA, »der Russe« mit seiner marxistischen Lehre, der aus Menschen Tiere mache, und »der Brite« mit seinen Bombenteppichen.

Ein Volk von Opfern, denke ich, das hat auch er geglaubt.

Der Katholik Konrad Adenauer, das demokratische Parteiensystem, die verlogene Presse, das waren seine Feindbilder im Deutschland nach dem Krieg, alles Nestbeschmutzer.

Im Altersheim mit seinen identischen Zimmern fühlte mein Urgroßvater sich wie ein eingesperrter Rübezahl, nach Jahren der Freiheit im Gebirge, mit nur ein paar Wolken zwischen sich und seinem Herrgott. Er sehnte sich nach den Gewalten der Natur, nach Schnee, Sturm und Donnergrollen.

Hanns Weber glaubte nicht an den dreieinigen Gott der herrschenden christlichen Lehre. In dem Zusammenhang zitiert er wieder Goethe: »Mir bleibt Christus immer ein höchst bedeutendes, aber problematisches Wesen.« Jesus sei von Gott gesandt worden, um den Menschen einen Weg der Liebe und der Gewaltlosigkeit zu zeigen. Er sei nicht auferstanden und aufgefahren gen Himmel, sitzend zur Rechten Gottes. Ein Sohn Gottes sei er nur in dem Sinne, in dem alle Menschen Kinder des einen und einzigen Gottes seien.

An das Jüngste Gericht vor der Himmelstür, zu richten die Lebendigen und die Toten, wollte und konnte er nicht glauben. Er fand, die Menschen sollten sich das Paradies schon auf Erden schaffen und nicht auf die Entscheidung einer höheren Macht warten, die darüber befindet, wer in den paradiesischen Himmel kommt. »Schlafe, mein Prinzchen, schlaf ein«, habe ihm die Mutter gesungen, als er ein kleines Kind war, und dann schreibt er, er wünsche sich einen wilden Rosenstrauch auf seinem Grab, dessen Wurzeln ihm dort unten von den Jahreszeiten erzählen.

Ich finde ein kleines Gedicht auf ein hübsches, freundliches Nähmädchen, das eigentlich nur für die Damen im Heim nähen sollte, dem er aber eine geschenkte Hose zum Ändern gebracht habe, und wenn er an sie denke, sehne er sich danach, noch einmal jung zu sein.

Zum sechzigsten Hochzeitstag bedankte Hanns sich mit einem Gedicht bei seiner Lilli, die ihm immer eine liebevolle und gute Frau gewesen sei und mit der er gern gleichzeitig sterben wolle. Im Gegensatz zu manch anderer Ehefrau, im Leben garstig, nach dem Tod des Mannes eine trauernde Witwe, habe sie ihm das Leben verschönt.

Ach, Hanns!, denke ich.

Über deinen Glauben hätte ich gern mit dir gesprochen.

Das ist mir auch ein Problem. Aber deine politischen Ansichten, da wäre jedes Gespräch hoffnungslos gewesen. Ansichten eines alten, unbelehrbaren Mannes.

Es beunruhigt mich, dass ich manche deiner Ansichten immer noch oder schon wieder höre.

Betreff: Hanns Weber
Datum: 19. Juni 22:55
Lieber Vater,
hier ist eine fiktive Geschichte, in der ich beschrieben habe, wie das Leben des kleinen Hanns, der als Einziger von fünf Geschwistern das Kindesalter überlebte, gewesen sein könnte. Stell dir bloß mal vor, alle Geschwister sterben, die Mutter ist krank vor Verzweiflung. Hieß es bei uns nicht immer, sie habe den »labilen Anteil« in die Familie gebracht?

Und so stelle ich mir den kleinen Jungen vor, verwöhnt und einsam zugleich. Und altklug. Da kannte er seinen »Robinson« schon auswendig, so wie später Faust I. Zu Goethe hat er immer gegriffen, bis ins hohe Alter, wie ich feststellte, als ich die Gedichte durchsah. Goethe war ihm das Maß aller Dinge, mit dessen Worten hat er erklärt, was undurchsichtig blieb.

Hanns Robinson, 1877

»Geh hinauf, Hanns«, sagt mein Vater jeden Morgen nach dem Frühstück. Aber ich will nicht. Ich will nicht hinaufgehen. Ich sage nichts. Wir sprechen nicht miteinander, mein Vater und ich. Ich habe meinen Haferbrei gegessen. Ich habe ihn sehr, sehr langsam gegessen. Mein Vater liest in der Zeitung. Das Esszimmer ist mit dunklem Holz getäfelt. Ich zähle jeden Morgen die Vierecke und Rechtecke. Ich wandere mit meinen Augen die Linien entlang und erfinde immer andere Wege. Herr Meister gibt mir Rechenaufgaben. Er hat mir das Lesen beigebracht. Im Kachelofen brennt ein Feuer. Es ist kalt und draußen liegt Schnee. In meiner Fibel steht beim Buchstaben K: Käfer,

Kegel, König, Kaiser, Kanzel, Kantor, Käfig, Keil, Küche, Koch, Körner, Kürbis, Kirche, Kalender, Kaninchen, Kanal, Kamel. Bei Kälte suchen wir den Ofen auf. Rosen haben Dornen. Gute Kinder gehorchen. Kinder haben einen guten Hirten, der behütet dich.

In der Kirche betet man. Aber auch zu Hause muss man beten.

Ich kann alles auswendig. Unter M steht: Mama, Maurer, Meile, Mai, Mädchen, Montag, Monat, Mut, Mangel, Mantel, Marmor, Morgenlüfte. Mäuse nagen. Mondenschein erleuchtet dunkle Nächte. Maikäfer zeigen sich im Mai.

Ich bin nach oben gegangen und habe meiner Mama die Seite mit M vorgelesen, aber sie hat geweint und geweint und zuletzt hat mich das Fräulein weggeschickt. »Ach du armes Kind«, hat sie gesagt, »immer allein, sei ein braver Junge, deine Mama braucht jetzt Ruhe.« Meine Mama braucht immer Ruhe.

Ich habe gebetet, aber bis jetzt hat es nichts genützt.

Ich würde gern hinaus und in den Schnee laufen. Aber zuerst muss ich nach oben. Wenn ich oben war, kommt der Herr Meister. Er ist mein Lehrer. Mein Vater sagt, als Tuchmacher muss man gut rechnen können. Herr Meister gibt mir viele Aufgaben. Ich rechne nicht gern, aber ich muss. »Um vier kommst du zu mir ins Bureau und legst mir deine Aufgaben vor«, sagt mein Vater gerade. Das sagt mein Vater seit einiger Zeit jeden Morgen. Ich antworte nicht. Ich nicke nur. Er legt die Zeitung zusammen und sieht mich an. Gleich wird er es eilig haben. Er muss arbeiten. Er hat es immer eilig. Er muss mit Großpapa Hocker sprechen. Der ist streng. Vor dem Frühstück ist er schon mit ihm durch die Fabrikhallen gegangen. Mein Vater sagt, irgendwann kauft er sich eine Tuchfabrik, in der er ganz allein zu bestimmen hat. »Und du wirst mein Nachfolger, also übe fleißig rechnen«, sagt er dann. Wenn ich oben war, gehe ich in mein Schulzimmer und warte auf Herrn Meister. Nach dem Rechnen und Schreiben liest er mir vor. Er liest mir aus »Der erste und älteste Robinson« vor. Er sagt von sich, dass er einen Hang zum Seeleben wie Robinson hat. Er sagt: »Später werde ich es nicht mehr nötig haben, kleine Jungen zu unterrichten.« Dann will er weite Reisen über das Meer machen. Ich lege meinen Löffel in die Schüssel. Mein Kopf tut weh. Ich reibe mir die Augen unter meiner neuen Brille. Davon sehe ich kleine Sternchen in Rot. »Nun geh hinauf, mein Sohn«, sagt mein Vater. Er erhebt sich und ich rutsche von meinem Stuhl. Ich warte schon lange darauf, dass meine Füße auf den Boden reichen, wenn ich sitze. Mein Vater hat einen dichten Kinnbart. Wenn ich groß werden sollte, hätte ich auch gern einen dichten Bart. Mein Vater schiebt mich aus dem Zimmer. Es ist dunkel im Gang. Mein Vater legt mir jeden Morgen an dieser Stelle die Hand auf die Schulter. »Bis später«, sagt er. Er kommt zum Mittagessen herüber. Und jetzt muss ich gehen. Die Treppe hat einundzwanzig Stufen. Auf die fünfte setze ich mich.

Mein Messer durchschneidet das Unterholz. Ob es Schlangen gibt? Über mir kreischen die Affen. Da, ein Papagei. »Komm«, rufe ich ihm zu. Vielleicht lernt er bei mir sprechen. »Bist du ein Ara?«, rufe ich. »Bist du Poll?« Der Papagei kommt nicht. Womit kann ich ihn locken? Der Hund ist bei mir. Er war ins Meer gesprungen und folgte mir schwimmend bis ans Ufer nach. Dieses Tier ist mein treuer Freund und Gefährte.

Ich höre von oben ein Rascheln. Das Fräulein raschelt die Treppe hinunter. Fast fällt sie über mich. »Hanns!« Sie schreit unterdrückt. Niemand darf in unserem Haus laut sein. »Hanns, deine Mama wartet auf dich.« Das Fräulein hat sich zu mir heruntergebeugt. Sie riecht gut, nach Zitronenmelisse und anderen Dingen, die ich nicht kenne. Alle sagen immer: »Hanns, deine Mama wartet auf dich.« Meine Mama wartet nicht auf mich. Sie wartet auf Georg, Trudchen und Helene. Das Fräulein läuft weiter die Treppe hinunter. Sie geht in die Küche. Sie holt meiner Mutter ein Frühstück. Heiße Schokolade. Manchmal darf ich einen

Löffel davon probieren. Aber heiße Schokolade ist nicht gut für Kinder, sagen die Erwachsenen. Noch ein paar Schritte. Ich komme auf eine Lichtung. Ich höre eine Quelle plätschern. Trinkwasser? Kann ich mir hier eine Hütte bauen? Ich bin in Lebensgefahr. Ich schleiche mich vorsichtig an, drehe mich um, nichts zu sehen, ich höre etwas, ich rieche etwas, ich kann keinen Schritt mehr gehen. Gibt es hier wilde Tiere? Kannibalen? Es raschelt wieder. Ich fahre herum. Aber es ist nur das Fräulein mit der Schokolade. »Komm, Hanns, sie wartet schon.« Ich sage nichts. Das Fräulein kümmert sich um meine Mama. Sie tanzt mit ihr. Sie versucht, sie zum Spazierengehen zu überreden.

Das Wasser sieht ganz klar aus. Ich halte meine Hand hinein. Die Tropfen sprühen und funkeln in der Sonne. Ich nehme einen sehr kleinen Schluck. Es schmeckt gut. Ob ich hier wohl bleiben kann? Aber noch weiß ich nicht, wer hier außer mir Wasser trinkt. Löwen? Eine kleine Erhöhung bietet mir einen guten Rundblick. Ich klettere hinauf. In der Ferne sehe ich sogar das Meer. Es ist Ebbe. Der geborstene Rumpf vom Schiff ist zu sehen. Ich muss möglichst bald noch einmal hinüberrudern und holen, was ich auf dieser Insel dringend brauchen kann. Niemand außer mir hat überlebt. Keiner von der Schiffsbesatzung, nicht einmal der Kapitän. Alle ertrunken.

Eine Tür öffnet sich. »Hanns, nun komm«, sagt das Fräulein. Ich stehe auf und schiebe das Messer mit dem Fuß unter den Teppichläufer. Also gut. Das Fräulein zupft an mir und streicht mir noch einmal über die Haare. Sie zieht mich in das Zimmer. Ich lasse den Hund vor der Tür. Meine Mama sitzt in einem Morgenmantel am Fenster. Es ist dort hell. Ich kann sie kaum erkennen. »Georg?«, fragt sie und ich schüttele den Kopf, wie jeden Morgen. »Sind die kleinen Mädchen unten?«, fragt sie. »Komm her, mein Kind.« Ich gehe sehr langsam zu ihr. »Ich bin Hanns«, sage ich, wie jeden Morgen. »Hanns?«, wiederholt sie, »ach ja.« Sie streicht mit ihren kühlen Fingern über mein Gesicht. Sie sieht erschöpft aus. Manchmal denke ich, ich sollte einfach ja sagen. Ja, ich bin Georg, dein ältester Sohn. Manchmal denke ich, ich bin gar nicht Hanns. Aber Georg ist tot. Georg ist schon vor meiner Geburt gestorben. Er war nur vier Wochen alt, ein ganz kleiner Säugling, hat mir mein Vater gesagt. Meine Mutter vergisst das. Schon lange erkennt sie mich nicht. Seit Trudchen gestorben ist. An schrecklichem Fieber. Ungefähr Ostern. Jetzt ist Winter. Und vor ihr ist Helene gestorben. Meine andere Schwester. Ich weiß nicht, an was. Daran kann ich mich kaum noch erinnern. Ich hatte auch Fieber.

Seit etwa acht Tagen fühlte ich Frösteln und Unwohlsein; die Nächte brachte ich zum Teil schlaflos zu; hierzu gesellten sich heftige Kopfschmerzen – DAS FIEBER mit abwechselndem Frost und Schweiß hatte mich gepackt, so dass ich endlich den ganzen Tag, ohne Speise und Trank zu genießen, an mein Lager gefesselt war. Mich quälte ein unsäglicher Durst, aber ich hatte nicht Kraft genug, um mir Wasser zu holen. Endlich schlief ich vor Ermattung ein. Ich hatte fürchterliche Träume.

Danach war ich das letzte Kind im Haus. Meine Mutter, hat mir das Fräulein erklärt, kann so viel Leid nicht ertragen. Dass ihre Kinder alle sterben. Aber ich, ich bin ja noch nicht tot. Vielleicht fressen mich wilde Tiere, die an die Quelle kommen. Was wird meine Mutter dann morgens sagen? »Hanns, bist du es?« Aber dann kommt kein Kind mehr, ihr einen guten Morgen zu wünschen. Ich muss weiterleben, hat mir das Fräulein erklärt, weil meine Mutter dann bestimmt wieder gesund wird.

Deshalb mache ich meine Morgenspaziergänge, um etwas Essbares zu schießen, nie ohne meine Flinte. Ich habe die erfreuliche Entdeckung gemacht, dass die Insel von zahlreichen Ziegen bevölkert ist.

Ich stehe neben dem Sessel meiner Mutter. Sie gibt mir ein Löffelchen von ihrer süßen Schokolade, der Becher ist noch ganz voll. Sie streichelt mich noch einmal. Sie sagt: »Ich bin so müde, so müde. Geh spielen.« Also gehe ich wieder. Herr Meister muss gleich kommen. Ich hole das

Messer unter dem Teppich hervor und nehme es mit ins Schulzimmer. Mein treuer Freund und Gefährte begleitet mich. Die Vögel singen und ich sehe in der Ferne die wilden Ziegen davonspringen.

Viele Grüße von deiner Tochter
Mari

Mein Vater sagt mir nicht, wie er meine Geschichte findet. Mir fällt ein, dass ich mich auch erst nach langer Zeit zu seiner ausführlichen Zusammenfassung des Lebens seines Vaters geäußert habe.

Datum: 29. Juni 15:30
Betreff: Alles noch Experimente
Liebe Tochter,
wie schon oben gesagt, experimentiere ich noch immer mit meinem neuen PC herum. Am Mittwoch kommt meine »Hotline« zu mir und versucht, mir alle inzwischen aufgetretenen Probleme zu erklären. Jetzt also nur eine Test-Mail und die Bitte an dich, vor deiner Abreise noch zu antworten, damit ich sehe, ob es klappt.

Datum: 29. Juni 19:22
Betreff: Re: Alles noch Experimente
Alles fein. Ich bin noch mindestens bis nächsten Samstag hier, dann fahren wir in die Ferien.
Gruß von deiner Tochter

Datum: 02. Juli 17:45
Betreff: Wieder zu Hause
Liebe Tochter,
wir waren bei der Beerdigung meines alten Schulfreundes

Gerd aus Bieberstein. Mit dem Zug Montag hin und gestern zurück. Das könnte man mit dem Auto nicht schaffen, bei 550 Kilometern in einer Tour. Auf der Rückfahrt mit 300 km/h zwischen Köln und Frankfurt Flughafen ist schon beeindruckend!

Eine sehr feierliche, kurze Trauerfeier mit mehr als fünfzig Gästen. Viele kannte ich natürlich nicht, obzwar ich der älteste Freund von Gerd war und viele meinen Namen kannten.

Heute sind wir noch ein bisschen angeschlagen. Zum Glück ist es nun nicht mehr so heiß. So erholen wir uns hier in gewohnter Umgebung schnell.

Nun hoffe ich, ihr habt schönes Wetter. Zumindest ist das Wasser gut angewärmt, so dass ihr baden könnt. Gute Reise. Hast du den Laptop dabei?

Hast du überhaupt einen? Aber wahrscheinlich willst du dich ja auch ohne dieses »neumodische Zeug« erholen, wie meine Mama immer sagte.

Schönen Urlaub und viele Grüße
von deinem Vater

Datum: 28. August 18:47
Betreff: Wer sind Zielkes?
Lieber Vater,
langsam haben wir uns wieder zu Hause eingewöhnt. Schön, dass wir so lange miteinander telefonieren konnten. Seit gestern lese und forsche ich wieder. Dabei ist mir der Name Zielke über den Weg gelaufen. Ich habe ihn in dem Buch von Eberhard Hübener gefunden, das du mir vor ein paar Jahren geschenkt hast, weil er aus deiner Heimatstadt stammt und darin sein Leben beschrieben hat. Richards erste Frau hieß vor ihrer Ehe Zielke.

Datum: 29. August 15:14
Betreff: Re: Wer sind Zielkes?
Liebe Tochter,
viel ist zu Zielkes zu sagen! Aber erst einmal vielen Dank für die eMail-Nachricht von gestern.

Zu Zielkes: In Guttau waren sie eine der einflussreichen Familien. Ich meine, eine andere Tochter habe den Bürgermeister geheiratet. Der Sohn, Jochen, hatte eine große Drogerie und eine kleine chemische Fabrik. Er hat mal, noch nicht achtzehn, den schnellen Wagen seines Vaters aus der Garage geholt und ist nach Berlin gefahren! Eine seiner Schwestern ging mit einer meiner Schwestern in die gleiche Klasse, verliebte sich in unseren Bruder Georg, heiratete dann aber Richard, wie das im Leben halt oft so ist. Am Scharmützelsee hatten sie, gegenüber auf der Saarow-Silberstrand-Seite, ein Seegrundstück mit Haus und auch eine 15 qm-Rennjolle, die ich als 15/16-Jähriger, als meine Brüder schon im Krieg waren, oder besser: als Georg schon gefallen war, segeln durfte. Mit Elisabeth sind wir im Ruderboot zu Besuch hinübergerudert. Schwager Gerhard, der erste Mann von meiner Schwester Benita, der dann im Krieg fiel, stellte in der Nacht für unsere Rückkehr eine Lampe ins Schlafzimmerfenster, damit wir gut heimfanden. Die Zielkes zogen nach dem Krieg in die Nähe von Frankfurt und wir – eure Mutter, ich und ihr – verkehrten mit ihnen, als wir auch dort wohnten. Deshalb war dir der Name aus frühester Jugend wohl bekannt. Jochen hatte wieder eine Fabrik, die unter anderem so ein Zeug herstellte, mit dem neue Autos für den Versand im In- und Ausland präpariert und geschützt werden. Es ging ihnen gut, er machte gute Geschäfte. Ulla Zielke, die Frau von Jochen, zog dann nach Lugano, wo ich sie auch noch einmal besucht habe. Ob Ulla noch lebt, weiß ich nicht, wie man so etwas halt aus dem Auge verliert.

Noch Fragen? Viel mehr weiß ich aber auch nicht. Schönes Wochenende.

Herzlichen Gruß,
dein Vater

Datum: 29. August 21:13
Betreff: Noch mal Zielkes
Vielen Dank für die Zielke-Informationen.

Wusstest du, dass ein Sohn des Hutfabrikanten Berthold Lissner mit Elfriede Zielke verheiratet war? Berthold Lissner war mit deinem Großvater Hanns befreundet, obwohl er Jude war, und die mochte Hanns ja gar nicht. Elfriede hatte auch ein Pferd im selben Stall stehen wie deine Mutter und die beiden ritten zusammen. Elfriedes Mann floh 1938 als »Halbjude« nach Bolivien. Sie blieb und versuchte, wenigstens einen Teil des Vermögens vor den Nazis zu retten. Was wohl nach dem Krieg aus den beiden geworden ist? Der zweite Sohn von Berthold Lissner ist im ersten Krieg gefallen, er muss gleich alt gewesen sein wie Walter Weber, der ja auch aus dem Ersten Weltkrieg nicht wiederkam. Der dritte Sohn war seit 1940 im KZ und wurde in Auschwitz ermordet. Seltsam, dass Richard auch mit einer Frau aus der Familie Zielke verheiratet war. Ich kann mich sehr genau an den Namen erinnern, habe aber kein Gesicht vor mir.

Viele liebe Grüße von deiner Tochter
Mari

Die Hüllens waren mit den Zielkes verschwägert. Richard, der Bruder meines Vaters, war mit Annelore Zielke verheiratet und eine Tante von ihr mit dem Sohn von Berthold Lissner. Und die sollen nichts voneinander gewusst haben? Die Lissners müssen meiner Familie nahe gestanden haben. Jedenfalls bis 1933. Und danach?

Was wusste Richard von all dem und was meine Großmutter und mein Großvater? Ich bin immer noch auf der Suche nach dem, was meine Großeltern über die Folgen der Vertreibungsgesetze wissen mussten. Ich ertappe mich dabei, dass ich meinen Vater widerlegen will, der behauptet, sie hätten nichts gewusst.

Datum: 31. August 12:04
Betreff: Lieber Vater
Seit Wochen lese ich immer wieder unseren eMail-Wechsel. Ich habe die Informationen von dir bekommen, die ich mir gewünscht habe, manches habe ich woanders gefunden, in Büchern oder Archiven. Vielen Dank dafür. Ich habe immer besser verstanden, wie schwer dir das Erinnern fallen muss, wie viel Schmerz, wie viele Erinnerungen in dir vergraben sein müssen.

Du hast mir vor allem beweisen wollen, was für ein guter Vater dir dein Vater war. Ich habe zunehmend den Eindruck, dass vor allem du ihm ein besonders guter Sohn warst. Ein Sohn, der sich sehr um das Wohlergehen seines Vaters gekümmert und ihm, so weit wie möglich, alle Wünsche erfüllt hat. Dieser Sohn durfte den Vater nicht kritisieren, er war ein guter Sohn, er musste sogar am Todestag des Vaters Geschäfte machen, anstatt liebevoll dessen Hand zu halten. Findest du das richtig?

Es ist natürlich hypothetisch, sich vorzustellen, was passiert wäre, wenn du ihm ein paar unbequeme Fragen gestellt hättest, wie das Kinder zuweilen tun.

»Lieber Vater«, hättest du ihn vielleicht fragen können, »haben wir in den dreißiger Jahren nur so gut leben können, weil wir uns an der Aufrüstung für den Zweiten Weltkrieg beteiligt haben?«

»Vater«, hättest du sagen können, »wir waren Kinder, wir haben nicht gewusst, was wir taten. Wenn ihr uns nicht überall bei den Nazis hättet mitmachen lassen, hätten wir vielleicht anders handeln können und uns nach dem Krieg nicht so schämen müssen. Hättet ihr uns nicht über das aufklären können, was ihr wusstet?«

»Vater«, hättest du fortfahren können, »fühlst du dich gar nicht mitschuldig daran, dass Richard sich auf dem Dachboden aufgehängt hat, nachdem er sich zur Sicherheit die Pulsadern aufgeschnitten hatte? Warst du vielleicht zu dominant? Was war wirklich für die Pleite verantwortlich?«

Was, frage ich mich, wäre passiert, wenn du an deinem

Papa gezweifelt und ihm das auch gesagt hättest? Wäre einer von euch zusammengebrochen? Hätte er sich von diesem Sohn abgewandt? Und was wäre mit dir passiert?

Ich weiß, ich weiß, das sind rein hypothetische Fragen.

Ach ja, dann fällt mir noch ein: Der Publizist Peter Bender soll gesagt haben: »Der Nationalsozialismus hat uns das Kreuz gebrochen.« Hast du dich deshalb für nichts eingesetzt, außer für dich selbst und deine Familie? Kein Ehrenamt, keine Parteizugehörigkeit, nichts. Oder lag das an dem Beispiel, das dein Vater dir gegeben hatte, der ja auch alle Energie in sein persönliches Fortkommen und das Wohl seiner Familie steckte?

Deine Tochter Mari

Bin ich verrückt geworden?

Nein, ich habe diese Mail nicht abgesendet. Sie liegt im Ausgangskorb und ich könnte sie auch gleich löschen.

Aber dann ruft er an und ich sage ihm am Telefon, er sei bestimmt ein besonders guter Sohn gewesen. »Es war kein anderer mehr da«, antwortet er, und von diesem Satz getroffen verstehe ich wieder ein bisschen mehr. Natürlich, von drei Söhnen war nur dieser jüngste noch übrig und nahm sich in die Pflicht, erschrocken und stolz. Eine Rolle, auf die er nicht vorbereitet war, von der er nicht zu träumen gewagt hätte. Ein Schock und eine Chance.

Dies ist einer der Momente, die mich von der Suche nach Beweisen für ein mögliches Unrecht, das meine Familie begangen hat, zu meinem Vater als Mensch zurückbringen. Es dauert eine Weile, bis ich das verstehe.

Datum: 17. November 9:46
Betreff: Gerüche und Geräusche
Lieber Vater,
kannst du dich daran erinnern, wie es in der Fabrik gerochen hat? Was welche Geräusche gemacht hat?
Herzliche Grüße von deiner Tochter

Datum: 19. November 11:15
Betreff: Re: Gerüche und Geräusche
Dafür gibt es viele Beispiele. Bei einem der Besuche meiner Mutter, Jahre später, nahm ich sie einmal mit in die Firma, in der ich inzwischen arbeitete. Sie fing bereits am Tor an, mit der Nase zu schnuppern. Als wir dann in der Appretur vor einer alten Walke standen, sagte sie: »Hier riecht es wie bei uns zu Hause.« Die Walke war dann auch von einer Firma aus Guttau.

Obwohl ich ja für den Verkauf zuständig war, bin ich viel in den Betrieb gegangen, um die alten Gerüche und Geräusche, die mich an Guttau erinnerten, in mich aufzunehmen.

Mein Schlafzimmer in Guttau war durch einen fünf Meter breiten Gang von der Spinnerei getrennt. Es wurde in drei Schichten gearbeitet und ich schlief so lange gut, wie die Maschinen Geräusche machten. Stoppten die Maschinen, wachte ich auf. Die Eltern schliefen etwas mehr zum Park – aber doch mit den Geräuschen der Fabrik. Wenn da etwas stillstand, wachte mein Vater auf, mehr noch, er ging los, um zu erfahren, was der Grund war.

Heute hier, obzwar im Wetterbericht Schlechtwetter vorausgesagt war, sonnig!
Gruß Vater

Meine Großmutter!

Zweiundvierzig Jahre lang, seit ihrer Geburt im Jahre 1900, lebte sie mit diesen Gerüchen und Geräuschen, nur unterbrochen von einem Jahr bei den Reiffensteiner Maiden in Kassel, wo sie lernte, wie man einen Haushalt führt, einem Schuljahr bei den Zinzendorfer Brüdern in Niesky und ein paar Ferienreisen. Später musste sie es mehr als drei Jahre in Seifhennersdorf aushalten, wo ihr Mann im September 1945 verhaftet wurde. Die schlimmste Zeit ihres Lebens.

Wie groß muss in ihrer zweiten Lebenshälfte das Heimweh gewesen sein. Als habe man immer am Meer gelebt, mit einem Huuuuu ums Dach, wie meine Tochter Hanna als kleines Kind einmal sagte, dem immer währenden Geräusch des Windes. Und dann soll man plötzlich im Landesinneren leben? Jetzt endlich kann ich etwas davon erahnen. In dem Interview, nur ein paar Jahre vor ihrem hundertsten Geburtstag, wurde meine Großmutter gefragt, was wäre, wenn Hitler den Krieg gewonnen hätte.

Ihre Antwort: »Dann wären wir noch zu Hause.«

Ich wasche Pullover und stecke meine Nase in die nasse Wolle.

Datum: 20. November 9:22
Betreff: Lieber Vater
Was ist eine Walke?

Datum: 20. November 17:59
Betreff: Was ist eine Walke?
Liebe Tochter,
da musste ich doch erst mal ein Weilchen nachdenken, um dir zu verdeutlichen, was eine Walke ist.

Da stellen wir uns erst mal ganz doof:

Du kennst den Begriff *Walkloden* und kannst dir vorstellen, dass das ein warmer Stoff ist, etwas rau. Der Überbegriff bedeutet, dass dieser Stoff eine Ware aus *Streichgarn* ist. Streichgarn ist ein Garn, in dem die Wollfasern wirr durcheinander liegen, im Gegensatz zum *Kammgarn*, da sind die Fasern durch einen komplizierten Spinnprozess parallelisiert. Robert hat bestimmt einen feinen Anzug, der ganz glatt ist.

Der ist aus Kammgarn. Nun webt man in einfacher Bindung auf dem Webstuhl aus *Streichgarn* einen Lodenstoff, der vom Webstuhl kommt und wie ein oller Scheuerlappen aussieht. Wenn man den jetzt auf einer *Walke* behandelt, dann wird er weich und fließend, allerdings immer noch grob aussehend.

Die Walke hat zwei dicke Holzwalzen, etwa 30–50 cm breit, Durchmesser 40 cm. Durch die führt man den Stoff und zieht ihn zwischen diesen Rollen hin und her, etwa 60 bis 90 Minuten lang, und gibt Feuchtigkeit dazu. Jetzt ist der Streichgarnstoff weich und geschmeidig. Danach wird er gepresst, geschoren, vielleicht geraut, um ihn anschließend zu verstreichen. Dann nennt man es *Strichtuch*.

Wenn du das Lexikon, das ich deiner Tochter geschenkt habe, ausleihst, findest du eine Reihe von Begriffen: *Walken, Appretur, Flausch, Streichgarn, Kammgarn, Tuch*.

Noch Fragen?

Das Tuchmuseum in Forst wäre interessant für dich. Du solltest das wirklich einmal ins Auge fassen. Ich habe hier noch Stoff- und Bindungsbüchern aus der Fabrik, für die sich dieses Museum bestimmt interessiert.

Immer noch strahlendes Wetter. Habe heute meine Rosen kurz geschnitten und gehäufelt, ehe der dicke Frost kommt. Und das Außenwasser abgestellt, damit es nicht einfriert.

Ich grüße dich,
Vater

Datum: 20. November 22:20
Betreff: Re: Was ist eine Walke?
Lieber Vater,
diese Erklärungen gefallen mir sehr. Da muss es wie nach nassen Pullover gerochen haben, oder? Und nach Maschinenöl? Haben nur Frauen davor gesessen?

Hier alles wie bei euch. Laub wie letztes Jahr, nicht vom Nachbarn, alles von oben. Wir fegen dieses Wochenende ein drittes Mal, der Rest wird ignoriert. Weihnachten wird auch noch nicht beachtet, vielleicht vergeht es hui so von allein.

»Jemand« schreibt Weihnachtsgrüße, packt Päckchen, kocht und schmückt den Weihnachtsbaum. Axel Hacke hat in deiner geliebten SZ eine Kolumne über »Jemand müsste mal...« geschrieben. Hast du das gelesen?

Herzliche Grüße an euch beide von deiner
Tochter

Datum: 01. Dezember 10:43
Betreff: Lieber Vater
Die Musterbücher aus der Fabrik interessieren mich sehr. Ich wusste nicht, dass es die noch gibt. Ich würde sie gern mal sehen. Dann sollten wir, wenn du das wirklich willst, mal in Forst anfragen. Wie wollen wir es machen? Könntest du sie mir schicken oder kommst du irgendwann? Oder sollte ich dafür eine Reise zu euch planen? Ich könnte ein Kind mitbringen?

Herzliche Grüße von deiner Tochter
Mari

Datum: 03. Dezember 22:42
Betreff: Musterbücher und anderes
Lieber Vater!
Eben habe ich mal im Internet nach dem Textilmuseum in Forst geschaut und eine Mail dorthin geschickt. Vielleicht interessieren sie sich für die Musterbücher und wissen etwas über die Webers. Die Firmenunterlagen muss es noch irgendwo geben.

Ich denke, dass ich meine Nachforschungen abschließen könnte. Was ich unbedingt erfahren wollte, habe ich wohl erfahren. Trotzdem kann mehr Wissen ja nie schaden.

Angetreten bin ich mit der Frage, ob die Firma in den Nationalsozialismus involviert war.

Das hat sich natürlich bestätigt. Wie hätte es auch anders sein sollen. Wer damals Erfolg haben wollte, musste mitmachen. Dein Vater Carl war ein Mensch, der Erfolg *brauchte*.

Dafür gibt es genug Gründe und Anhaltspunkte. Mehrmals in seinem Leben hatte er schon neu anfangen müssen. Er war sehr ehrgeizig und nach der Heirat in diese Familie auch auf Erfolg angewiesen.

Und auch wenn Carl, mein Großvater, kein aktiver Nazi war, so hat er doch niemandem geholfen, der verfolgt wurde, jedenfalls habe ich nie etwas davon gehört. Er hat die Augen verschlossen.

Preußische Tugenden reichen als Begründung für sein Verhalten nicht aus. Preußische Tugenden galten immer auch dem Wohl der Allgemeinheit, nicht nur dem eigenen Wohl und dem der eigenen Familie. Und die Preußen waren außerordentlich tolerant. Es ehrt dich sehr, dass du auf deinen Papa nichts kommen lässt, aber das sagt mehr über deine Tugenden aus als über seine! Ich glaube, dass er niemandem schaden wollte, aber er muss sehenden Auges in Kauf genommen haben, wie Menschen aus seiner Umgebung verschwunden sind.

Da kann ich mich noch glücklich schätzen, denn andere haben bei ihrer Suche schreckliche Dinge über ihre Großeltern erfahren!!

Gesühnt worden ist mehr als genug, wenn auch die Geschädigten nichts davon hatten. Ich als Enkelin würde mich jetzt noch gern an etwas beteiligen, das die Erinnerung an die Namen der damals Vertriebenen und Ermordeten wach hält. In Köln gibt es einen Künstler, der vor den ehemaligen Wohnhäusern der Opfer »vergoldete« Pflastersteine (»Stolpersteine«) verlegt, auf denen die Lebensdaten der Betreffenden, sofern vorhanden, vermerkt sind. Diese Aktion läuft in Hamburg, Köln, Berlin und anderen Städten schon sehr erfolgreich, vielleicht sogar bei euch? Ich habe schon mal bei dem netten Geschichtslehrer Peter Paul aus Guttau angefragt, ob er eine solche Aktion in seiner Stadt unterstützen würde. Mal sehen, ob das klappt. Der Stadtrat muss das natürlich nach demokratischer Abstimmung erlauben. Wenn er es tut, werden Menschen gesucht, die einen Stein für 95 Euro spenden, und das ist eine Summe, von der man, so hoffe ich, so diesen und jenen überzeugen kann.

Ich könnte mir eine Reise zu euch sehr gut vorstellen. Ich würde ein Kind mitnehmen und einen kleinen Besuch machen. Wie habt ihr es denn zwischen Weihnachten und dem 3. Januar? Wir würden für ein, zwei Nächte kommen. Hier werden wir ja auch wieder gebraucht. Dann kannst du uns über die Musterbücher etwas erzählen.

Viele herzliche Grüße von deiner Tochter

Betreff: Re: Musterbücher und anderes
Datum: 04. Dezember 9:18
Liebe Mari!
Zu dem Verhältnis meines Vaters zu den Nazis ist recht wenig zu sagen. Sehr hochwertige Qualitäten der Firma hatten Erfolg auf den europäischen Märkten. Der Exportanteil betrug über vier Fünftel. So waren die Braunen nur daran interessiert, von meinem Vater nach jeder Reise einen Bericht zu bekommen, oder besser, er bekam überhaupt nicht die Erlaubnis, in den Balkan oder nach Skandinavien zu reisen, wenn er keine Berichte schrieb. Die Nazis brauchten Devisen!

Das ging bis 1942 gut, dann wurde der Betrieb stillgelegt wegen »Wollknappheit«, denn Wolle musste importiert werden und da gab es wichtigere Dinge. In Deutschland war vielleicht die schlesische Wolle für unsere hochwertigen Floconnés geeignet, aber Uniformstoffe waren wichtiger und die machten am Ende nur noch die Fabrikanten, die eifrige Nazis waren.

Was Floconnés sind, kann ich dir dann anhand der Musterbücher demonstrieren.

Du hast meinen Vater noch erlebt, aber seine Grundeinstellung war schon sehr belgisch/französisch von seinen Vorfahren her. Preußisch, nun ja, das wohl auch.

Mit herzlichen 2. Adventsgrüßen,
dein Vater

In einem Telefongespräch mit meiner Tante Benita erfahre ich, dass Elfriede Zielke mit Annelore Zielke, der ersten Frau von Benitas Bruder Richard, nur den Namen gemeinsam hatte. Keine engere Verwandtschaft. Kann ich das glauben? Und wofür ist es wichtig, ob es stimmt oder nicht? Es geht mir immer noch um die Frage: *Gewusst oder nicht gewusst?*, und damit um die Frage, ob ich meinem Vater glauben kann.

Ich will ihn immer noch ertappen. Ich will ihm etwas unterstellen. Ich schäme mich.

Ich nehme den Roman »Die Anfrage« von Christian Geissler zur Hand, von dem ich höre, er sei das Kultbuch der 68er gewesen, und lese:

> »Ich habe den Eindruck, ja ich fürchte, kein Vater wird Lust haben zu reden, wie Sie es wünschen, solange er fürchten muss, verachtet zu werden. Ein bisschen mehr Liebe, entschuldigen Sie bitte diese Sentimentalität, aber genau das täte am besten …
>
> Sie suchen. Das haben Sie heute schon oft gesagt: … Sie suchen Ihren Vater; Sie suchen Leute, die sich erinnern. Könnte es aber nicht sein, dass Sie bei alledem nur sich selbst suchen?«

Lesen, immer nur lesen, Bücher finden, die sich mit dem Thema beschäftigen. Ich lese beim Kochen. Abends sitze ich neben dem Herd, in meiner rechten Hand den Kochlöffel, rühre und rühre die Tomatensoße, bis sie anbrennt, während die andere Hand das Buch hält.

Ich habe mir ein Sabbatjahr genommen. Ich lese, bis ich ins Bett gehe, und träume davon. Daneben lebe ich mein Familienleben. Ich spreche viel mit Robert und erzähle den Kindern von meinen Recherchen. Sie sind sehr geduldig mit mir.

Eine Freundin ruft mich an. Ich habe ihr erzählt, womit ich mich beschäftige. Wir reden lange darüber, dass ich es so schwierig finde, wie mein Vater mit der Erinnerung an seinen Vater umgeht. Wir haben beide festgestellt, dass in der letzten Zeit eine ganze Reihe von Büchern zu diesem Thema auf den Markt gekommen ist. Zum Beispiel Uwe Timms Roman »Rot«, in dem er schreibt:

> »Was hast du denn nur mit deinem Vater?« …
>
> Ich mag seine Bauten nicht. Nicht die in Hamburg, nicht die anderswo, und erst recht nicht die Bunker am Atlantik. Er war nicht einmal Nazi. Das wäre einfacher gewesen, ich meine die Diskussionen, wir hätten dann klare Fronten gehabt. Wir haben dieses Land wieder aufgebaut. Und wer hat es in den Dreck gefahren? Wer? Opa? Der immer alles vergaß. Das war später. Kleiner Beamter. Unabkömmlich im Katasteramt. Mussten doch immer wieder Grundstücke nachvermessen werden, wegen der Arisierung. Davon haben wir nichts gewusst. Niemand hatte etwas davon gewusst. Der eine nicht, weil er Bunker baute, der andere nicht, weil er so fleißig Granaten tragen musste, und auch nicht der faule Fliegeronkel, weil der immer bei den Frauen landen musste. Die Nazis hat der Fliegeronkel verachtet, Tatsache und belegbar, aber das mit den Juden, nicht gewusst.«

Ich telefoniere mit meinem Bruder Georg, der nach seinem im Krieg gefallenen Onkel heißt. In deutschen Familien heißen die Söhne nach ihren gefallenen Onkeln und Vätern und Großvätern, den jungen Kerlen, die zu früh starben, um ihre eigene Geschichte zu leben – der anrührende Versuch, sie nicht zu vergessen. Ich habe ihm bisher wenig davon erzählt, dass ich unseren Vater nach der Familiengeschichte ausfrage. Aber jetzt wünsche ich ihn mir als Verbündeten. Er soll mir helfen und mich in meiner Suche verstehen.

Georg sagt aber: »Lass unseren Vater in Ruhe. Er kann nicht anders, sein Vater hat auch sein Leben beeinflusst. Wie soll er an ihm zweifeln, er würde an allem zweifeln müssen, an seinem eigenen Leben. Das hält er nicht aus.« Ich bin ein Nestbeschmutzer. Ich reise im Internet herum und gebe Wortkombinationen ein: Täter, Mitläufer, Opfer, Nazi, Enkel.

Datum: 26. Dezember 12:14
Betreff: Krank
Lieber Vater,
ich bin krank, ich habe die Grippe, meine Augen tränen. Ich habe Schnupfen und Husten und Gliederreißen. Es tut mir Leid. Ich kann nicht kommen.
Deine Tochter Mari

In einem Aufsatz der Sozialwissenschaftlerin Gabriele Rosenthal finde ich neue Antworten. Sie beschäftigt sich mit den Fragen, die auch mich umtreiben. Wieso haben so viele Deutsche ihren Kindern und Enkeln gegenüber geschwiegen? Welche Auswirkungen hat das Schweigen auf die nachfolgenden Generationen? Überlebende Opfer, sagt Gabriele Rosenthal, hätten in ihren Familien berichtet, Kinder und Enkel von Tätern wüssten fast nichts. Das habe Folgen: Sie trauten ihren Wahrnehmungen nicht und fühlten sich wegen ihres Misstrauens schuldig.

> »Die Übergabe der Schuld an die Nachgeborenen, die sich an Stelle der Täter wegen möglicher eigener Täteranteile quälen und von ihren Familienangehörigen angeklagt werden, wenn sie unbequeme Fragen stellen, ist ein Mechanismus, den wir in Familien von Nazi-Tätern häufig finden und der sich in der Generation der Enkel noch viel deutlicher zeigt als in der mittleren Generation.«

Das verstärke, so Gabriele Rosenthal, die Folgen der Vergangenheit für die dritte Generation, denn während die Kindergeneration stärker mit der Abwehr der Vergangenheit in ihrem Leben beschäftigt sei, könnten sich die Enkel erlauben, manifeste Störungen zu entwickeln oder auch krank zu werden. Die Symptome, die Kinder und Enkel von Tätern im Alltag behinderten, seien aber auch eine große Chance, da durch die Beschäftigung mit ihnen ein Dialog zwischen den Familienmitgliedern über die Vergangenheit entstehen könne.

»Und im Unterschied zu den Nachkommen jüdischer Familien, deren Vernichtungsängste sich vorwiegend auf die außerfamiliäre, die nicht-jüdische Welt beziehen, ängstigen sich etliche der Nachkommen von Tätern vor den eigenen Eltern oder Großeltern. Sie fürchten, selbst als lebensunwert erkannt zu werden.«

An solche Gefühle kann ich mich gut erinnern. Mitten in der Pubertät, nach einigen schwereren Krankheiten, bildete ich mir ein, zu den Nichtlebenswerten zu gehören. Ich glaubte allen Ernstes, ich sei eine von diesen körperlich Schwachen, die kein Recht hätten weiterzuleben. Ich verschloss dieses Geheimnis in mir, sprach mit niemandem darüber und es dauerte Jahre, bis ich mich von diesem Unsinn befreien konnte.

Datum: 05. Januar 9:22
Betreff: Neue Geschichte
Liebe Tochter!
Heute habe ich dir etwas zu erzählen, da wir morgen nach Garmisch fahren, um dort einen Herrn zu treffen, mit seiner Frau. In meiner Zeit bei der Tuchfabrik Hartmann hatten wir in Mailand einen Vertreter, der einen Tuchgroßhandel besaß; seine Vorfahren hatten den schon gehabt. Als die Geschäfte mit den Schneidern schlechter und schlechter gingen, nahmen derartige Unternehmen auch Präsentantenaufgaben an. So hat dieser Herr unter anderem auch die Firma Hartmann vertreten, bei der ich, wie du weißt, gearbeitet habe.

Wir fanden uns sympathisch und er sagte mir bei einem meiner Besuche, dass er vor dem Krieg auch die Firma Weber vertreten habe! Den Krieg hatte die Familie in der Schweiz überlebt und nach dem Krieg als Deutsche dort erst große Probleme gehabt.

Eines Tages also legte mir dieser Herr einen Coupon – 3 m und 140 cm breite Floconnés – auf den Tisch. Den hatte er seit den vierziger Jahren aufgehoben. Ich kaufte ihm den Coupon ab, um mir in Aschaffenburg daraus bei einem Mantelfabrikanten, den ich gut kannte, einen wunderschönen, klassischen Mantel herstellen zu lassen, Gewicht 1200 g/m. Viele Jahre wurde der wertvolle Mantel hier in einem Schrank aufgehoben ... bis jetzt. Es kam mir die Idee, ihn Herrn und Frau Pilling bei unserem Besuch erneut vorzuführen! So werde ich mit dem klassischen Mantel, einem feinen Hut etc. dort auftauchen! Wir haben hier dicken Schnee und Frost. Den Mantel könnte man auch dem Forster Museum schenken!

Das war nun meine heutige Geschichte,
mit Grüßen an die ganze Familie
von deinem Vater

REICHSSTELLE
FÜR WOLLE
UND ANDERE TIERHAARE

BERLIN C2, DEN 25. April 1942

IV 30600 C/424

Firma
Weber,
G u t t a u

Zur Erreichung des Endsieges muss die gesamte deutsche Wirtschaft für den Entscheidungskampf eingesetzt werden. Es muss alles darangesetzt werden, die Kriegsaufgaben der Heimat mit weniger Menschen zu meistern und mit möglichst wenig Produktionsmitteln unter geringster Beanspruchung der Verkehrswege möglichst viel zu schaffen. Jede an einer Stelle eingesetzte Arbeitskraft, jedes eingesparte Produktionsmittel, jeder nicht mehr beanspruchte Waggon, jeder irgendwie entbehrliche Energie- und Kohlenverbraucher kann, in den Schwerpunkten der Rüstungsindustrie eingesetzt, deren Leistung steigern.

Die Textilindustrie, die als eine der größten und an Arbeitskräften reichsten Industrie mit ihrer großen Anzahl an Betrieben besonders viel Produktionskräfte bindet und zudem als Verbrauchsgüterindustrie im Kriege stärkere Einschränkungen verträgt, kann und muss hier einen besonderen Beitrag zum gesteigerten Einsatz der deutschen Wirtschaft für Fertigungen und zur rationellsten Ausnutzung der Arbeitskräfte, Betriebsstätten und sonstiger Produktionsmittel leisten, indem sie bis an die äußerste Grenze der Erfüllbarkeit ihrer Kriegsaufgaben zusammenrückt.

Dieses Ziel kann nur durch Stillegung einer großen Anzahl von Betrieben erreicht werden. Für den hiervon betroffenen Betrieb bedeutet dies eine große Härte. Dieses Opfer muss aber für die siegreiche Beendigung des Krieges gebracht werden. Die schwere Entscheidung der Stillegung wertet den einzelnen Betrieb nicht in dem Sinn, dass der stillzulegende Betrieb als weniger wertvoll und leistungsfähig angesehen wird als ein weiterlaufender. Viele Betriebe werden die Stillegungsmaßnahmen als nicht gerecht empfinden; die Kriegsnotwendigkeiten müssen aber den Vorrang vor einer allgemeinen Gerechtigkeit haben. Es wird aber heute schon zugesagt, dass die jetzt stillzulegenden Betriebe nach Kriegsende wieder in den allgemeinen textilen Wirtschafts- und Produktionsprozess eingeschaltet werden und besondere Förderung erfahren sollen.

Auf Grund des Vorschlags der WiGr. Textilindustrie, den diese auf Grund des Führerbefehls an die deutsche Wirtschaft gemacht hat, ordne ich deshalb die Stillegung Ihres, in dem beiliegenden Stillegungsbescheid bezeichneten Betriebes für textile Fertigung an. Diese Entscheidung ergeht nach eingehender Prüfung durch die Organisationen der gewerblichen Wirtschaft und die regionalen Dienststellen von Partei und Staat.

In den Anlagen erhalten Sie
- einen Stillegungsbescheid
- ein »Merkblatt für stillgelegte Betriebe«, von der WiGr. Textilindustrie und dem Fachamt Textil der

Deutschen Arbeitsfront gemeinsam herausgegeben. Etwaige Rückfragen zu diesem Merkblatt sind an die in dem Merkblatt genannten Stellen, aber nicht an die Reichsstelle zu richten.

IV 13, (3.42) gez. Toepfer

»Georg«, sage ich am Telefon, »ich war heute endlich im Landesarchiv und habe gefunden, wonach ich so lange gesucht habe. Keine Ahnung, warum ich dafür so viel Zeit gebraucht habe. Da steht alles schwarz auf weiß. Mehr als hundert Akten. Auch die von der Firmenstilllegung im August 1942. Ende April kam die Benachrichtigung. Drei Monate kämpften der alte Hanns und unser Großvater dagegen an. Unser Großonkel Jürgen ist darüber an einer Lungenentzündung gestorben. Alles schwarz auf weiß, stell dir vor. Er war erst siebenunddreißig. Seine Kinder waren noch ganz klein. Unser Urgroßvater Hanns und unser Großvater Carl haben Briefe geschrieben an jeden, der ihnen nützlich schien. Bis zu Albert Speer. Sich angedient, ihre Verdienste für das Regime angeführt. Die frühe NS-Mitgliedschaft vom alten Hanns, die Militäraufträge seit 1906, die familiären Verluste im Ersten und Zweiten Weltkrieg …«

»Wenn du das alles deinem Vater berichtest, hängt er sich auf«, unterbricht mich mein Bruder. »Kannst du es nicht auf sich beruhen lassen? Ich bin der Meinung, dass die heutige Zeit mehr als genug Probleme bietet, die gelöst werden müssen, und jeder nach so vielen Jahren das Recht auf Verdrängung hat. Wir sind keine Personen der Zeitgeschichte, die für die Öffentlichkeit von Interesse sind.«

Dann sagen wir beide eine Zeit lang nichts mehr.

Ich bin sprachlos.

Schuldig des Vatermordes. Habe ich das nicht schon lange befürchtet? Mir wird die Kehle eng. Ich schwitze. Mein Herz rast. Wut steigt in mir hoch, flaut wieder ab. Ich kann nichts mehr denken, weiß nicht mehr, wer ich bin. Irgendwann sage ich: »Ja, dann!« Ich muss mich konzentrieren. Wo ist das kleine rote Hörerchen? Ich drücke sehr vorsichtig darauf und sitze ganz still mit dem Telefon in der Hand. Nach ein paar Minuten geht es vorbei.

Datum: 16. März 11:16
Betreff: Personen der Zeitgeschichte
Lieber Georg,
du hast mir gestern gesagt, ich solle unseren Vater mit den Ergebnissen meines Archivbesuches in Ruhe lassen. Er würde sich sonst noch aufhängen und ich sei schuld. Das ist ein erheblicher Vorwurf. Ich wehre mich ganz entschieden dagegen.

Das Vermeiden von Erkenntnissen macht viel kränker als das Zulassen von Erkenntnissen. Darüber gibt es genug Literatur. Die Zeit des Schweigens ist vorbei. Du hast gesagt, wir seien keine Personen der Zeitgeschichte. Wer entscheidet das? Menschen wie unsere Großeltern haben das Leben vieler anderer beeinflusst, sie hatten Macht und Einfluss auf den Rest der Familie und auf ihre »Gefolgschaft«.

Viele Grüße von deiner Schwester

Datum: 16. März 12:12
Betreff: Lieber Vater
Du sagtest am Telefon, du seist gesund und munter. Deine Stimme klang auch so!

Ich habe dir ja erzählt, dass ich gestern nun endlich im Landesarchiv war. Man bekommt für einen bestimmten Tag einen Platz im Lesesaal, der etwa vierzig Plätze hat. Das Landesarchiv ist vor kurzem aus der Orangerie von Sanssouci nach Potsdam-Bornim umgezogen, weit draußen, dann den Berg hinauf durch den Wald und bis zu einem grünen Tor, das früher mal ein Militärgelände hermetisch abgeriegelt hat. Jetzt darf man davor parken und unter dem freundlichen Winken eines dicken Pförtners die fünfzig Meter zum Lesesaal gehen.

Dort bekam ich, nachdem ich mich ausgewiesen hatte, einen Karteikasten in die Hand und meinen Platz zugewiesen. 4 Euro 9 Cent kostet Familienforschung pro Tag. Zur Firma Weber gibt es mehr als hundert Karteikarten. Jede steht für eine Akte. Ich konnte die Akten auswählen, die ich gern sehen wollte. Danach fuhr ich nach Hause, machte mir und den Kindern etwas zu essen und um halb drei saß ich aufgeregt vor meinem Aktenstapel.

Das Hauptbuch 1921-1936, Korrespondenzen mit einer Schweizer Bank, Bilanzen, Zeugnisse für die Angestellten und Arbeiter, Unterlagen des Steuerberaters usw., es ist sehr viel da. Vermutlich standen die Unterlagen alle in den abgeschlossenen Büros von Carl und Jürgen, als die Fabrik schon stillgelegt war.

Ein paar spaßige Sachen sind auch dabei, zum Beispiel der gesamte finanzielle Briefwechsel zwischen deinem Vater und den Hermann-Lietz-Schulen mit den Nebenkostenabrechnungen. Wirklich schön ist auch der Ordner über den Kauf des Deisendorfer Grundstücks und den Bau des Ferienhauses. Den hätte Georg gut gebrauchen können, als er das Haus vor ein paar Jahren übernahm. Zwischen all dem offiziellen Zeug tauchte sogar die Hochzeitszeitung deiner Eltern auf. Stell dir das mal vor.

Aus diesen Akten, so dachte ich mir, müssen ja auch die Zitate in dieser Broschüre über die Tuchstädte der Lausitz stammen, die dich so entsetzt haben und mich seitdem umtreiben. Das stimmt. Ich fand einen Ordner über die Stilllegung der Fabrik 1942. Die Anordnung ist vom 25. April. Du kannst davon nicht so viel mitbekommen haben, weil du im Internat warst. Dann gab es dramatische Wochen bis zum 1. August. In dieser Zeit versuchte die Familie mit allen Mitteln, die Schließung zu verhindern. Um die Fabrik zu retten und damit den Unterhalt für drei Familien zu sichern, schrieben der alte Hanns und dein Vater Briefe in alle Himmelsrichtungen, in denen sie Argumente anführten, die zur Abwendung der Schließung dienen konnten. Unter diesen Argumenten waren der frühe Eintritt von Hanns in die Partei, das in den Torpfosten des Hauses in Hain gemeißelte Hakenkreuz von 1920, der Eintritt in den »Opferring der NSDAP« 1926, die moderne Ausstattung der Fabrik, die niedrigen Preise, die Zuverlässigkeit als Militärtuch-Rüstungsbetrieb, die Beschäftigung von Polen und französischen Kriegsgefangenen, die Opfer, die die Familie für Volk und Vaterland gebracht hatte, die Tatsache, dass zwei Familien und der Seniorchef mit seiner Frau, insgesamt vierzehn Menschen, davon lebten ...

Dein Onkel Jürgen lag schon mit Lungenentzündung im Krankenhaus, an der er am 24. Mai starb. Wegen Überarbeitung und aus Sorge um die Fabrik, wie der alte Hanns und mein Großvater Carl beschwörend schrieben. So konnten sie zwar etwas Aufschub bekommen, auch um die Aufträge für die SS-Uniformen abzuarbeiten, aber am 1. August 1942 war dann endgültig Schluss.

Aus diesen Briefen stammen die Zitate in der Broschüre. Und drei Jahre später waren alle diese Argumente, die ja einen bestimmten Zweck erfüllen sollten, nämlich die Oberen des Regimes günstig zu stimmen, richtig schädlich.

Ich kann sehr gut nachvollziehen, dass Hanns und Carl so argumentierten. Das Wasser stand ihnen bis zum Hals. Aber die Kopien aller dieser Briefe existieren nun einmal in der Akte und Außenstehenden kann man die Zusammenhänge kaum erklären. Carl wäre vermutlich auch ohne diese »Beweise« von den Russen eingesperrt worden, schon als Kapitalist. In der Ausstellung in Buchenwald habe ich ja deutlich gelesen, dass es nicht darauf ankam, was man wirklich getan oder gelassen hatte. Dass er »mit den furchtbaren Methoden der Politik« die Arbeiter in seiner Fabrik angetrieben hat, wird stimmen, weil die Fabrikschließung bevorstand und die Männer dann natürlich an die Front mussten. Da waren sie am Webstuhl oder anderswo in der Fabrik besser aufgehoben. Dass in seinem Büro eine politische Polizei gegründet wurde, konnte ich allerdings bisher nirgends finden. Er ist ja auch erst sehr spät in die Partei eingetreten. Wenn er welche gehabt hätte, hätte er sich auf eigene Verdienste in der Partei berufen können. So musste der Seniorchef seine nationalsozialistische Vergangenheit vorweisen.

Immerhin hat dein Vater das Lager Buchenwald überlebt und mir das Schwimmen beigebracht!! Was nur ein Hinweis darauf sein soll, wie viel Zeit er mit mir verbracht hat.

Da habe ich jetzt wohl alles gefunden, was ich suchte. Schön wären noch ein paar persönliche Briefe aus der Zeit nach 1950.

Ja, ich bin traurig, dass mein Opa und mein Urgroßvater sich so sehr diesem teuflischen Regime angedient haben. Aber ich bin glücklich, dass ich die Zusammenhänge zu verstehen beginne. Ich bin sehr froh, dass ich etwas darüber erfahren kann, wie es wirklich war.

Die Dinge sind ja sehr kompliziert. Wir werden sehen. Erst muss sich alles setzen.

Ach ja, aus diesen Unterlagen und den Unterlagen einer anderen Guttauer Fabrik, die auch im Archiv sind, muss Klaus Herrmann die Informationen für seine Bücher haben. Deshalb kam mir das so bekannt vor.

Ich werde noch ein paar Mal ins Archiv fahren und kopieren lassen, was für uns von Interesse ist. Auch die Hochzeitszeitung. Es ist wirklich schön, dass es dies alles noch gibt. Leider kann ich keine Bilanzen lesen. Es gibt auch einiges über die Tuchmacherei zu finden.

Sehr liebe Grüße, sei umarmt von deiner
Mari

Datum: 19. März 19:35
Betreff: Archivfunde
Lieber Vater,
dein Brief kam heute. Vielen Dank.

Du schreibst, Georg habe sich wieder beruhigt. Das ist ja schön.

Ich fand ja auch nichts dabei, nicht viel über meine väterliche Familie zu wissen, bis wir dann gemeinsam die Broschüre über die Tuchstädte zu lesen bekamen.

Die Tatsache, dass Guttau und damit unsere Familiengeschichte für uns abgeschnitten war, hat, wie ich finde, durchaus ihre Folgen gehabt. Ich habe immer schon geglaubt, dass es wichtig ist, über seine Herkunft Bescheid zu wissen (zum Beispiel im Adoptivrecht), aber dass das auch mal für mich gelten würde, war mir nicht klar. Wir haben uns immer viel mehr als Abkömmlinge der Seite unserer Mutter gefühlt, weil sie viel darüber sprach und wir die Verwandten dieser Seite viel öfter trafen.

Über die »andere« Seite gab es einzelne Sätze, aber kein richtiges Bild. Da war viel verloren gegangen, war viel gelitten worden, einer ist gefallen, einer konnte das Leben nicht mehr ertragen. Dass er sich umgebracht hat, wurde jahrelang nur hinter vorgehaltener Hand geflüstert. Alles war schwierig.

Erst seit 1989 konnten wir überhaupt dorthin fahren, wo die »Seele« der Familie geblieben war. Bei mir hat es ja noch viel länger gedauert, weil Hanna in dem Jahr geboren wurde und ich deshalb nicht in die Vergangenheit reisen mochte.

Als ich dann fuhr, musste ich mir gleich Schlimmes anhören. Du konntest mir vieles nicht beantworten.

Die korrekten Antworten sind im Firmenarchiv zu finden. Bisher habe ich etwa die Hälfte der Unterlagen durchgesehen. Viel aus der Buchhaltung dabei. Die andere Hälfte besteht aus Abrechnungen und Steuernachweisen. Komisch, dass es möglich ist, Sachen zu lesen, die mein Opa mir und dir damals bestimmt nicht zu lesen erlaubt hätte. Manches ist sehr langweilig! Aber plötzlich habe ich ein Bild davon, wie ihr damals gelebt habt. Das ist richtig gut. Die Hochzeitszeitung, Schulgeld für die Töchter, die finanziellen Angelegenheiten vom Senior Hanns, der ja mit seiner Frau monatlich ein Altenteil bekam. Hundesteuer musste bezahlt werden, drei Hunde wurden im Laufe der Zeit abgemeldet. Einer war Wachhund, der kostete keine Steuern. Der Briefwechsel über die Kosten für die Internate; du hattest Nasenbluten und musstest zum Arzt; Reisegeld für eine Familienfahrt des Internats; Schnürsenkel eingekauft und Schulhefte und Schuhcreme.

Familienverträge, alte Hypothekenverträge aus dem 19. Jahrhundert, von Frau Stadtrat Bertha Hocker, die deine Urgroßmutter war. Die Stilllegung der Fabrik, Zeugnisse von Angestellten und Arbeitern, die Auslandsvertreter mit Namen und Adressen, die Firma Molander wird genannt, von der du geschrieben hast, und diese Leute in Mailand, die dir den Stoff verkauft haben. Der Bau des Hauses von deinem Onkel neben der Fabrik, eine dicke Akte zum Ferienhaus, über das Tante Benita übrigens neulich gesagt hat, es sei als Alterswohnsitz für deine Eltern vorgesehen gewesen.

Es fehlt bestimmt auch viel, Internatsberichte und Zeugnisse der Kinder sind nicht dabei (die stelle ich mir sehr interessant vor!!), Informationen über die Ausbildung deiner Schwester, Familienfeste, Taufen, die Bezahlung der Kinderschwestern, Reisen. Ich könnte mir vorstellen, dass manches für diejenigen nicht von Interesse war, die das Zeug weggeschleppt haben.

Mir ist, als hätte sich ein Kreis geschlossen. Ich gehöre ja dazu. Irgendwie ganz lustig. Manches auch sehr peinlich. Wie sie den alten, fast blinden Opa aus Hain holen mussten, damit der seine Nähe zu den Nationalsozialisten unter Beweis stellte, weil sie selbst nichts Rechtes vorzuweisen hatten, außer ein »bisschen« Tuch für die SS und ein »paar« französische Kriegsgefangene und Polen. Der hat sich redlich bemüht und alles angeführt, was ihm einfiel. Zum Beispiel, dass er bei den Versammlungen der Nazis in den zwanziger Jahren seine eigenen Gedichte vorgelesen hat und dann unter Begleitschutz nach Hause gehen musste, damit ihm die Kommunisten nicht die Nase platt hauten. Gott sei Dank war er 1933 schon fast blind, sonst hätte er womöglich noch richtig hohe Parteiämter übernommen. Jedenfalls hat er das in seinen Briefen versichert. Sie haben sogar eine Fabrik unten in der Stadt genannt, die sie für besonders geeignet hielten, anstelle der eigenen geschlossen zu werden. Hat nichts genützt. Ich glaube, sie hätten sich auf den Kopf stellen können. Die Fabrik als Materiallager lag ideal für diejenigen, die den Endsieg planten. In der Stadt ist noch zuletzt alles kaputtgeschossen worden und da draußen bei den Webers ist nichts passiert. War schon gut ausgewählt der Platz.

Nach dem Krieg war es dann wichtig, Kommunist gewesen zu sein. Da gibt es wieder neue Aussagen in den Unterlagen. Nichts Negatives über deine Mutter übrigens, das über Opa scheint mir nicht wirklich haltbar zu sein, aber immer druff auf die Frau deines Onkels. Maja war wohl sehr unbeliebt. Sie hat sich aber auch später schriftlich gegen die Enteignung gewehrt. Daraufhin hat sogar der Gärtner, der euch die große Kiste gepackt und nachgeschickt hat, geschworen, sie habe ihr Hausmädchen verprügelt.

Zusammengefasst: Wenn mein Bruder sich damit nicht beschäftigen will, dann verpasst er was. Aber bitte schön!

Sei umarmt, ich bin sehr aufgeräumt wegen dieser Funde vor meiner Haustür. Morgen geh ich noch mal hin und dann kann gehen, wer immer will, weil sie dort nix jemals wegwerfen. Die Akten, auch die persönlichen unserer Familie, werden öffentlich, gut gekühlt und mit der richtigen Luftfeuchtigkeit aufbewahrt und jeder, auch jeder Böswillige, kann sich aus unseren privaten Unterlagen herausschreiben und kopieren lassen, was ihm gefällt. Er kann es veröffentlichen, auch gegen uns verwenden, so wie es schon geschehen ist. Das kommt mir besonders seltsam vor. Wie ein großer Witz gegen das Verdrängen und Vergessen. Einerseits! Andererseits finde ich es nicht in Ordnung! Darum sollte sich Georg mal kümmern!

Deine Tochter Mari

Die unbeliebte Schwägerin meines Großvaters war nach dem Krieg mit ihren Kindern bei ihren Eltern in Lübeck. Über sie gibt es in der Akte »Enteignung« im Landesarchiv Aussagen des langjährigen Chauffeurs und des Hausmädchens meiner Großeltern Hüllen. Versteht man die Behauptung, Maja habe ihr Personal verprügelt, als böse Unterstellung, die für die Enteignung notwendig war, dann bleibt übrig, dass ihr das

Händchen für die angemessene Behandlung derjenigen gefehlt haben muss, die ihr viel Arbeit abnahmen. Die eidesstattlichen Erklärungen in der Akte betreffen allerdings nur die Menschen, denen Fabrik und Privathäuser gehörten, also die junge Witwe mit ihren Kindern und Carl Hüllen. Ich bin mir sicher, enteignet worden wäre in jedem Fall, früher oder später.

Am 5. Mai 1942 wird die Schließung wegen der 20.000 Meter Uniformstoff für die SS auf den 30. Juni verschoben.

Carl Hüllen gibt eilig ein Gutachten über den Zustand von Fabrik und Maschinen in Auftrag:

8. Mai 1942

Albert Hefter,
Potsdam

Gutachten

Die Firma Weber, Tuchfabrik in Guttau, ersucht mich um eine gutachterliche Äusserung über ihre Betriebs- und Fabrikations-Einrichtung zu geben.

Ich komme diesem Wunsch gern nach, weil ich mich zur Erfüllung dieser Aufgabe für besonders geeignet halte, denn ich kenne die Tuchfabrik Weber in Guttau seit vielen Jahren und kenne ausser dieser Firma noch 35 Tuchfabriken Deutschlands und der besetzten Gebiete ähnlich genau.

Tuchfabriken fallen in mein Fachgebiet, in jungen Jahren war ich 5 Jahre Betriebsingenieur einer bedeutenden Tuchfabrik Deutschlands, die anderen Betriebe lernte ich kennen gelegentlich der Aufnahmearbeiten für Maschinentaxen, die ich als erfahrener Fachmann alle persönlich vorgenommen habe und in denen ich bei dieser Gelegenheit mit offenen Augen in alle Winkel gekommen bin, in vielen Fällen anschliessend beratend tätig war.

Ich stellte fest, dass die Tuchfabrik Weber, Guttau, seit Jahrzehnten planmässig Betriebsverbesserungen durchgeführt hat und auch weiter keine Gelegenheit verstreichen lässt, um auf der Höhe zu bleiben. Grosszügige Planungen, die sich hauptsächlich auf Verbesserung der Arbeitsräume in der Appretur und der Aufenthaltsräume erstrecken, liegen vor.

Der Fabrikationsgang ist im allgemeinen ein geschlossener.

Im Interesse der Feuerverhütung befinden sich auf dem Hofe mehrere Hydranten der städt. Wasserwerke, das Gelände wird durchflossen von einem Nebenfluss der Neisse, dem Fliess, und eine Motorspritze ist vorhanden.

Die Rohstoffläger sind dezentralisiert im Interesse des Feuerschutzes.

Im Kesselhaus ist ein Zweiflammrohrkessel 1921 155 qm. Heizfläche, 13 Atü, mit Überhitzer, Braunkohlen-Treppenrost, Kohlentransportanlage mit großem Bunker und Trichter, in welchen die Eisenbahnwaggons direkt entladen werden im Betrieb.

Ausserdem sind vorhanden 2 Reservedampfkessel von je 62 qm Heizfl., ferner Aschentransport, Rauchgasvorwärmer 1339 mit Saugzug 180 qm Heizfläche, Differential-Zugmesser.

Regelmässige Verdampfungsversuche durch den zuständigen Überwachungsverein erbrachten den Beweis, dass günstige Verdampfungszahlen vorliegen.

Dampfmaschinenhaus und Trafostation

Eine Zweikurbel-Verbund-Dampfmaschine 250 PS mit Kondensation erzeugt den grössten Teil des Kraftbedarfes, eingebaut ist eine Vakuumdampfverwertungsanlage für Warmwassererzeugung, für Kesselspeise u. Fabrikationszwecke, für Beheizung eines Teiles der Säle.

Die Dampfmaschine treibt über eine auskuppelbare Haupttransmission einen Drehstromgenerator 380/220 Volt, 200 KVA 1937 aufgestellt, ausserdem ist vorhanden eine erweiterungsfähige Hauptverteilungsschalttafel mit Doppelsammelschienensystem 1937, so dass jede einzelne Fabrikationsabteilung nach Belieben mittels Umschalter auf Eigenstrom oder Fremdstrom geschaltet werden kann.

Und so weiter, mir schwirrt der Kopf. Der emsige Herr Hefter geht durch die ganze Fabrik, beschreibt die Maschinen mit elektrischem Einzelantrieb, Wolferei,. Droussiererei, Krempelei und Selfaktor-Spinnerei, Zwirnerei und Kettenschärerei (»in modernem hellem Arbeitsraum«), Weberei, Walke, Tuchwäscherei und Trockenappretur.

Das Gutachten endet mit den Worten:

Der rührige Arbeitsgeist der Chefs wirkt sich günstig aus auf die ganze Belegschaft, nach Durchführung der geplanten Neugestaltung der Appretur und der Gefolgschaftsräume dürfte eine öffentliche Anerkennung kaum ausbleiben.

Vorstehendes Gutachten gebe ich nach bestem Wissen und Gewissen.

Potsdam, den 8.5.42
gez. Albert Hefter
Berat. Ingenieur im NSBDT
Vereid. Sachverständiger

Die Zeit läuft ab. Bei Hüllens und Webers herrscht Panik. Der eine Sohn schon gefallen, einer irgendwo an der Ostfront, der Kleine im Internat. Die älteste Tochter mit einem Luftwaffenoffizier verheiratet, der in Fürstenfeldbruck stationiert ist. Die andere Tochter geht noch zur Schule und führt ihre Jungmädels an.

Jürgen Weber, der Schwager von Carl und zweite Chef, wird schwer krank. Er liegt im Krankenhaus und stirbt dort kurze Zeit später.

Der Senior in Hain entschließt sich, auch etwas zur Rettung der Fabrik zu tun:

Hain, Riesengebirge, den 10. Mai 1942
An den Reichsminister für Bewaffnung und Munition
Albert Speer
Berlin

Ermutigt durch die Rede meines Führers, bitte ich um eine eingehende, schlagartig einsetzende, geheime Untersuchung der Verhältnisse in Guttau, die meines Erachtens nach nicht den ernsten Bedürfnissen der Jetztzeit entsprechen.

Ich hatte schon im Jahre 1920 das Hakenkreuz in Granit gemeisselt an meiner Torsäule, musste es infolge Boykottandrohung im In- und Auslande entfernen lassen, damit meine Kinder nicht ihre Existenz verloren. 1926 trat ich in den Opferring der Partei und wurde 1930 Parteimitglied mit der roten Parteibuch-Nr. 353591.

Seit dem Jahre 1933 bin ich fast erblindet und musste alle meine Parteiämter niederlegen. Ich stehe im 75. Lebensjahr.

Es handelt sich in diesem Briefe nicht um die Stillegung der Fabrik (lt. beiliegender Abschrift), sondern ich handle aus einem Empfinden, das meinem tiefen Glauben an Sauberkeit in unserem deutschen Vaterlande in dieser schweren Zeit entspringt.

Damit keine Zeit verloren geht, habe ich gleichzeitig eine Abschrift dieses Schreibens an den Generalbevollmächtigten für den Arbeitsdienst, Gauleiter Sauckel, in Berlin gerichtet.

Alle näheren Ermittlungen können in Guttau bei der Firma Weber eingeholt werden.

Über meine Person gibt Ihnen Auskunft Ortsgruppenleiter H. K., Schriftsteller, Hain Riesengebirge, Telefon Hermsdorf Kynast.

Heil Hitler
Gez. H. Weber

Nachdem ich diesen Brief abgeschrieben habe, gehe ich einige Tage lang im Garten arbeiten. Ich entferne die Eichenblätter, die nicht verrotten wollen, von den Beeten und erleichtert strecken sich, wie in jedem Jahr, die Schneeglöckchen nach der blassen Sonne. Während ich wütend und verzweifelt harke und Schubkarren voll feuchtem Mulch wegfahre, denke ich an meinen Urgroßvater Hanns. Es ist müßig darüber nachzudenken, was er wohl von den Schrecken der Verfolgung gewusst hat. Es wird schon genug gewesen sein, trotz seiner eingeschränkten Sehfähigkeit. Der mit dem roten Parteibuch. Er hatte ein Radio und regelmäßig las ihm jemand aus der Zeitung vor.

Endlich vorbei mit der Überjudung in meinem deutschen Vaterlande, wird er gedacht haben. Hat er sich an die Kinder seines Freundes Berthold Lissner erinnert? Dort oben im Riesengebirge, mit nichts zwischen sich und seinem Herrgott als ein paar Wolken? Und seine Lilli? Die ihm Briefe und Gedichte abtippte? Sie war mit dem Ehemann einer Ansicht, jedenfalls weiß ich es nicht besser.

Warum kann ich von diesem Projekt nicht lassen, denke ich beim Graben in der sandigen märkischen Erde. Ich habe doch alles gefunden, was ich suchte. Was treibt mich denn noch an? Mit Dreck unter den Fingernägeln blättere ich in Christa Wolfs »Kindheitsmuster«:

> »Und in der Tat: Wem würde es schaden, wenn du die Sache auf sich beruhen ließest? Wer würde etwas vermissen? Denn in dem nüchternen Gegenwartsblick, den du auf die Vergangenheit richtest und der vor nicht langer Zeit von Abneigung, ja Hass getrübt gewesen wäre, liegt Ungerechtigkeit in Hülle und Fülle. Mindestens so viel wie Gerechtigkeit. Objekte, hilflos unter Glas gefangen, ohne Kontakt zu uns nachgeborenen Besserwissern. Und wenn du dich fragst, ob du es aushieltest, diesen selben Blick ungemildert gegen dich selbst zu richten …«

Ich nehme die Essaybände zur Hand und finde in einer Diskussion über »Kindheitsmuster«:

> »Wenn man eine bestimmte Sache noch nicht gesagt hat, darf man nicht zu anderen übergehen.«

Das ist der Satz, der mich überzeugt. Auch heute noch, dreißig Jahre nach der Veröffentlichung von »Kindheitsmuster« und anderen selbstquälerischen Versuchen, die Zeit des Nationalsozialismus zu verstehen, gibt es viel zu sagen, bevor wir über anderes sprechen können. In diesem Rahmen bewege ich mich.

Ich wasche meine Hände und betrachte mich im Spiegel, während ich sie abtrockne. Ich sehe mich nicht. Ich versuche immer noch, diejenigen zu sehen, die hinter mir stehen, die vor mir da waren, deren Gene ich in mir trage, deren Biographien mein Leben beeinflussen.

Ich habe mich an den Gedanken gewöhnt, dass in der Firma Tuche für SS-Uniformen gewebt wurden. Ich habe mich überraschenderweise an den Gedanken gewöhnt, dass in der Fabrik polnische Zwangsarbeiter und französische Kriegsgefangene arbeiten mussten. Die Suche über die Mailing-Liste hat nichts Neues ergeben. Niemand hat sich gemeldet. Ich hoffe aber, dass die damals in der Fabrik meiner Familie Ausgenutzten zu denen gehören, die entschädigt werden. Ich werde dem weiter nachgehen müssen.

Ich kann mich jedoch nicht an den Gedanken gewöhnen, dass junge Mädchen aus der Fabrik einfach »weggekommen« sind. Ich stelle mir vor, wie ihnen beim Wollesortieren jeden Tag die Hände mehr gezittert haben. Wie sie versucht haben nicht aufzufallen. Ich stelle mir Gesichter vor. Ich stelle mir vor, wie morgens mit Stiefeln gegen die Tür getreten wurde und dann nur ein kleines Köfferchen …

Weggekommen! Wie hieß das Mädchen? Hat es überlebt?

Datum: 20. März 22:51
Betreff: Fabrikunterlagen
Lieber Georg,
so wie du habe ich auch gedacht, als einer unserer Freunde vor einigen Jahren bei einem gemeinsamen Kurzurlaub das Buch von Daniel Goldhagen über Hitlers willige Vollstrecker las und mir wärmstens empfahl. »Das muss doch mal vorbei sein«, habe ich gesagt. »Das kann doch nicht ewig so weitergehen. Schluss damit.«

Dann fuhr ich mit unserem Vater nach Guttau und wir wurden mit den übelsten Nachreden über die Hüllens und die Webers konfrontiert. Unser Vater war total fertig. Auf einmal betraf es mich. *Ich* war gemeint. Mein Name, meine Familie. Die Mauer war gefallen, in mehr als ein halbes Jahrhundert hatte sich nichts verändert. Nichts war vergessen, alles noch da. Nur die Schonzeit war vorbei. Da wurde mir klar: Es ist an der Zeit, den Namen Hüllen-Weber nicht nur zu führen, sondern auch zu tragen. Und dazu gehört das Wissen über die Geschichte der Familie. Erst seit ich die Wissenslücken geschlossen habe, kann ich versuchen, sie zu verstehen. Das hat verdammt lange gedauert, finde ich. Und glaub mir: Ich habe manche Nacht deswegen schlecht geschlafen!

Nein, ich kann mich deiner Ansicht nicht anschließen. »Schamabwehr« hat das Ehepaar Mitscherlich schon in den siebziger Jahren das genannt, was dich jetzt so wütend macht.

Ich weiß, dass du immer dann besonders pragmatisch wirst, wenn du deinen Gefühlen begegnest. So kommt es mir auch jetzt vor. Es ist anrührend und spannend und schlimm, sich mit den Fabrikunterlagen und mit dieser Zeit zu beschäftigen. Ich halte es für unbedingt sinnvoll, das zu tun.

Ich bin sehr wütend auf dich, denn ich bin schließlich auch eine Hüllen-Weber, obwohl ich schon lange anders heiße. Aber ich habe doch meine Identität damals auf dem Standesamt nicht aufgegeben!

Weil wir Hüllens und Webers sind (und natürlich Kinder unserer mütterlichen Familie), werden wir wohl Verantwortung übernehmen müssen. Ist es das ein kaufmännisches Erbteil, immer nur in seine eigene Tasche und in die seiner Familie zu wirtschaften?

Jedenfalls stecken in uns die Gene und Traditionen dieser Familie, die es wert sind, betrachtet zu werden.

Zu der Frage, die dir offensichtlich schreckliche Sorgen macht, ob ich meinen und deinen guten Namen beschmutzen möchte: ehrlich gesagt, nein!

Der ist doch längst beschmutzt.

Ach ja, damit wäre wohl alles Wesentliche zu diesem Thema gesagt und ich kann mich meiner Arbeit wieder zuwenden.

Mari

Datum: 20. März 9:18
Betreff: Recherchen

Hallo Tochter,
mit großem Interesse nahm ich deine letzte eMail zur Kenntnis. Hab vielen Dank.

Natürlich interessiert mich alles. So weiß ich, dass meine Nase schon damals ein neuralgischer Punkt war. Nasenbluten hatte ich schon im Internat, so dass diverse Mediziner mir immer mal die Nase geätzt haben.

Also unterrichte mich bitte über weitere Recherchen. Interessant ist für mich alles.

Mit vielen Grüßen,
dein Vater

Per Post:

Lieber Vater,
hier sind zwei Gutachten von 1942 über die Fabrik Weber. Könntest du mir, so wie schon einmal zur Walke, auch die anderen Begriffe erklären?

Herzliche Grüße von deiner Tochter
Mari

Datum: 24. März 10:14
Betreff: Tuchfabrikation
Liebe Tochter,
deine Unterlagen kamen bereits an, für deine Zeilen besten Dank. Denke bitte in Zukunft an meine 78-jährigen Augen. Dünnes Grün auf weißem Papier kann ich nur noch bei sehr heller Beleuchtung lesen.

Zur Sache, ich werde mir Mühe geben:

Im *Kesselhaus* befinden sich die Kessel, bei uns waren es zwei, darin wurde in zwei Ofenröhren, sehr groß, mit Braunkohle der Dampf für die Dampfmaschine und die Turbine erzeugt. Die Eisenbahnwaggons mit der Kohle wurden bis auf den Hof gefahren, durch einen Rost fiel die Braunkohle in einen großen Trichter und wurde über einen Mechanismus nach oben befördert, um die Brennkammern automatisch zu beschicken, das Feuer unter den Kesseln in Gang zu halten und Dampf zu erzeugen. Von hier aus gingen auch die Rohre ins Wohnhaus für Heizung und heißes Wasser.

Im *Dampfmaschinenhaus* befand sich eine riesengroße Dampfmaschine, die über Transmissionen alle Maschinen der Fabrik und eine große Turbine antrieb, die den elektrischen Strom für den Betrieb und die diversen Wohnungen auf dem Grundstück lieferte.

Zum *Fabrikationsbetrieb* gehörte alles, die diversen Maschinen, die Werkstätten wie Schreinerei, Schlosserei etc., früher wurde eben alles über Transmissionen angetrieben.

Wolferei, Droussiererei, Krempelei und *Selfaktorspinnerei:*

Wolf: Eine Maschine, die die Wolle auflockerte und für das Spinnen vorbereitete.

Droussiererei: Um unterschiedliche Nuancen und Farben schon im Garn zu erzeugen, wurden dort unterschiedliche, schon in der Wolle gefärbte Partien gemischt, zum Beispiel eine Braunmelange.

In der *Krempelei* wurde die Wolle mit Kratzenwalzen zu feinem Vlies für das Spinnen verarbeitet.

Selfaktorspinnmaschine: Haben die Engländer nach

Deutschland gebracht. Auf einem langen Gestell sind die vorgefertigten Spulen der *Krempelei* aufgesteckt – Vorgarn.

Auf einem entsprechend langen Wagen steckten die Spinnspulen. Wie bei einem Spinnrad ging der Wagen immer auf das Gestell zu, die Spulen drehten sich dabei rückwärts fahrend und drehten das gesponnene Garn auf die auf dem Gestell befindlichen Spulen auf.

Verstanden?

Heute spinnt man nur noch mit dem Ringspinner, das ist ein kontinuierlicher Vorgang. Beim Selfaktor musste der Spinner immer mit den Wagen hin und her laufen. Über den Leviatan haben Diplomanden viele Arbeiten geschrieben. Es ist die komplizierteste Maschine in der Spinnerei.

Leviatan-Wollwaschmaschine, Trockenapparat:

Bei Webers hat man die Wolle noch selbst gewaschen. Mein Vater kaufte die Wolle gemeinsam mit den Wollhändlern noch direkt von der Herde, vor der Schur. Als ich später meine kaufmännische Lehre machte, gab es dort auch noch eine eigene Wollwäscherei, sie war aus dem Betrieb ausgegliedert. Ich habe daran eine Zeit lang arbeiten können. Sie bestand aus endlos langen Bottichen, schmutzig kam die Wolle am Anfang hinein, sie wurde mit breiten, langen Harken von Bottich zu Bottich befördert und kam am Schluss gewaschen heraus.

Dann wurde sie in großen Schränken getrocknet, geheizt mit Dampf aus dem Kesselhaus: Das war der *Trockenapparat.*

Zwirnerei und *Kettschärerei:*

War das Garn gesponnen, wurde es entweder einfach verwebt oder man zwirnte es in der *Zwirnerei.* Auf Ringspinnern wurden zwei Fäden miteinander verzwirnt.

In der *Kettschärere*i wurden sehr viele Spulen aufgesteckt und durch einen Kamm wieder auf die Breite eines Kettbaums aufgewickelt. Der Kettbaum mit zwei- oder dreitausend Fäden nebeneinander wurde dann in den Webstuhl eingehängt – die Kette –, der dann mit dem Schuss quer die Rohware webte.

Weberei:

In der *Weberei* stehen nun die Webstühle, die das Garn,

wie oben gesagt, verweben. Sehr modern waren damals schon die Stühle, die einen Direktantrieb je Stuhl hatten. Strom kam ja von der eigenen Stromversorgung mit der Turbine.

In Guttau standen sie in der Reihe. Das waren die Stühle, mit denen mein Bruder Richard seiner Freundin in der Weberei am Sonntag den Akkord nachwebte! Heute geht das mit Schnellläufern – Sulzer oder Dornier Webschiffchen, so groß wie ein Taschenmesser!

Walke, Tuchwäscherei, Trockenappretur:

In der *Walke* wird die Rohware zwischen zwei Holzrollen durchgeführt und mit viel Feuchtigkeit so lange behandelt, bis der Stoff weich und geschmeidig ist. Darüber habe ich dir ja schon geschrieben. Alle Streichgarngewebe werden gewalkt. Die jetzt fertig behandelten Stoffe durchlaufen die Appretur, anfangs die Tuchwäscherei, dann viele unterschiedliche Behandlungen. Auch darüber ist manche Diplomarbeit geschrieben worden.

So, Mari, ich gab meine Bestes, es hat mir auch viel Spaß gemacht.

Dein Argument, Weber sei wegen der exponierten Lage außerhalb der Stadt geschlossen worden, teile ich nicht. Es war die Wollknappheit, die entstanden war – Südafrika, Australien, Südamerika, Neuseeland waren nicht mehr erreichbar.

Deutsche Wolle eignete sich nur für Treibriemen oder Scheuertücher. Andere Tuchmacher hatten bessere Beziehungen zur Partei oder waren bessere Nazis. Was später behauptet wurde, passt alles nicht damit zusammen.

So, nun hoffe ich, dass du etwas klarer siehst. Wenn nicht, beruhige dich, denn ich brauchte mehr als vierzig Jahre und weiß als Kaufmann die technischen Feinheiten auch noch nicht alle.

Gruß von deinem Vater

P.S. Brauchst du die mir gesandten Kopien wieder?

Datum: 30. März 12:01
Betreff: Re: Tuchfabrikation
Lieber Vater,
super, vielen Dank!

Ich hätte dir die Kopien aus dem Landesarchiv vielleicht abschreiben sollen. Schick sie mir am besten zurück, dann habe ich hier alles beisammen und jeder aus der Familie, der will, kann sie einsehen kommen, wenn er nicht lieber gleich ins Archiv geht. Es sind Durchschläge von 1942 aus der Akte »Stilllegung«, deshalb etwas durchscheinend. Was nach dem Krieg über die Fabrikbesitzer gesagt worden ist, halte ich inzwischen auch weitgehend für erfunden. Es war der Leiter der Schlosserei in der Fabrik, dessen eidesstattliche Erklärung über Carl Hüllen für die Enteignung ausreichte. Für den anderen Fabrikbesitzer, der ja nicht mehr lebte, musste seine Frau herhalten als böses Weib. Enteignet worden wäre in jedem Fall, da bin ich mir sicher, sie haben allerdings nicht ohne »Grund« enteignet, sei er auch noch so weit hergeholt. Da waren sie korrekt!! Im Westen Deutschlands ist jedenfalls niemand enteignet worden, der NSDAP-Mitglied war, nicht einmal, wenn er wirklich Leiter einer politischen Polizei gewesen wäre.

Viele herzliche Grüße von deiner Tochter

Einige Wochen später kommt mein Vater mich besuchen.

Als ich ihm erzähle, dass ich die »Aktion Stolpersteine« von Gunter Demnig in Guttau unterstützen will und dort schon mit einigen Leuten gesprochen habe, sieht er mich hoffnungsvoll an und fragt, ob unsere Familie auch einen Stolperstein bekomme. »Wir«, sagt er, »sind doch auch vertrieben worden.« Während ich weiterrede, über seine Gefühle hinwegrede, nicht anhalten, auf diesen Satz nicht eingehen kann, denke ich: Er hat ja Recht. Was können diese Kinder für den Verlust ihrer Heimat?

Ich weiß noch nichts über den Umschlag im Schreibtisch meines Vaters, an dessen Existenz auch er sich nicht mehr erinnert.

»Inzwischen habe ich auch Ergebnisse zu den Nachforschungen über meinen anderen Großvater, Otto«, erzähle ich meinem Vater. »Ich glaube, dass der sich vor den Nazis zu drücken versucht hat, wo er nur konnte. Aber als der Krieg ausbrach und er nicht nach Irland zurückgehen konnte, wurde er als Beamter zwangsverpflichtet und in die Partei aufgenommen. Es gibt da allerdings eine komische Sache: Er wurde auf seinen Antrag hin Mitte 1940 rückwirkend zum 1.9.1939, also zu Kriegsbeginn, in die Partei aufgenommen. Auf dem Schreiben steht in seiner Schrift: ›Keinen Antrag gestellt.‹ Aber misstrauisch, wie ich mittlerweile bin, frage ich mich, wann er das darauf geschrieben hat? Ein Antrag von 1941, aus dem Beamtenstand entlassen zu werden, wurde abschlägig beschieden. Auf einen Mann mit seinen Qualifikationen könne derzeit nicht verzichtet werden. Er hatte gerade von seinem alten Onkel einen landwirtschaftlichen Betrieb gekauft. Mutter hat immer gesagt, ihr Vater habe sich zurückziehen, Land- und Forstwirtschaft betreiben und vor allem sich und die Familie aus der Schusslinie nehmen wollen. Da hatte er noch fünf Jahre zu leben. Es gibt ein gesundheitliches Gutachten in den Unterlagen, aufgrund dessen er vom Militärdienst befreit wurde. Sie hatten ihn nämlich 1942 kurz eingezogen. Da war er vierundvierzig Jahre alt und Hauptmann der Reserve. In dem Gutachten steht, dass sein Herz schon zu der Zeit nicht gesund war und er unter hohem Blutdruck litt.«

»Ich«, erklärt mein Vater mir noch einmal, »habe meinen Schwiegervater erst kennen gelernt, als er schon krank im Bett lag und dann ist er ja auch bald gestorben.«

»Ich weiß, er starb im Februar 1947 an den Folgen seines hohen Blutdrucks. Nach dem Krieg war er noch bei den Amerikanern in Butzbach und Darmstadt interniert. Dort waren seine Englischkenntnisse sehr nützlich – und seine Respektlosigkeit gegenüber Autoritäten soll ihm nicht geschadet haben. Ich habe in seinen Unterlagen einen Zettel gefunden, so eine Art Referenz. Er habe im Lager politische Seminare über Demokratie halten dürfen und man wünsche ihm alles Gute für seine berufliche Zukunft. Bei der Entnazifizierung wurde er als Mitläufer eingestuft. Es gibt eine Reihe eidesstattlicher Erklärungen, du weißt, so genannte Persilscheine. Man hat ja davon gehört, wie die entstanden sind. Eine Hand wäscht die andere. Aber eine fand ich glaubwürdiger als die übrigen. Landforstmeister Mahr schrieb am 6. Dezember 1947, warte, ich hole sie mal eben…«

Als ich gehe, den Ordner zu holen, weiß ich nicht, ob mein Vater sich noch dafür interessiert, wenn ich wiederkomme. Es ist so viel schwerer für uns, miteinander zu reden als zu mailen.

Als ich zurückkehre, lese ich ihm vor, was in der eidesstattlichen Erklärung des Herrn Mahr steht.

»Als er kurz vor Kriegsausbruch von Irland zurückkam, erzählte er mir, dass ganz Südengland bereits ein großes Heerlager sei, und diesmal (gegenüber der Österreich- u. Sudetensache) der Engländer beißen würde. Es käme, wenn Hitler nicht vernünftig würde, bestimmt zum Krieg. Er richtete schwerste Anschuldigungen gegen Hitler, der mit seiner Politik das deutsche Volk ins Verderben führe. Er sagte ungefähr sinngemäß: Dieser Verbrecher hat ja gar keine Ahnung, was das britische Weltreich bedeutet. Diese Verbrecher müssten alle an die Wand gestellt werden.

Landforstmeister Otto R. war wohl nominell Mitglied der NSDAP, er stand aber ihren Ideen und Zielen nicht nur fern, sondern er war ein ausgesprochener Gegner derselben.

Diese eidesstattliche Erklärung gebe ich ab, indem ich mir ihrer Wichtigkeit und Bedeutung voll bewusst bin. Ich weise noch darauf hin, dass ich niemals Mitglied der NSDAP war.

Mahr, Landforstmeister«

Mein Vater nickt. Er sagt nichts. Ich weiß inzwischen, was er denkt: »Otto hatte Glück, er war bei den Amerikanern und nicht bei den Russen.« Und wir wissen beide, dass auch auf Ottos landwirtschaftlichem Betrieb Polen und Franzosen beschäftigt waren.

Mein Vater und ich sprechen selten über meine Mutter. Die Scheidung ist viele Jahre her und nun lebt sie nicht mehr.

Die meiste Zeit meines Erwachsenenlebens habe ich mich mit meiner Mutter über die Frage gestritten, ob die Gene das Handeln eines Menschen bestimmen oder, wie ich meiner Generation entsprechend hoffte, das Umfeld, in dem er aufwächst. Diese Diskussion hat sich heute längst erübrigt, weil jüngere Forschungsergebnisse gezeigt haben, dass beides eine wichtige Rolle spielt.

Meine Mutter war stolz darauf, einige ihrer Schuljahre nicht in Deutschland verbracht zu haben und später dann in Hohenwehrda gewesen zu sein. Sie hatte die »Biologismen« des Dritten Reiches fest verinnerlicht, ohne zu unterscheiden, ob es um Merkmale des menschlichen Aussehens ging oder um Auslese- und Euthanasievorstellungen. Gleichzeitig war sie nicht antisemitisch. Ihre große Liebe war ein Mann, der eine jüdische Mutter hatte. Sie vermittelte mir, als ich studierte, für die Semesterferien eine Arbeit als Kindermädchen bei einer jüdischen Familie, in der ich das neugeborene Baby zu betreuen hatte und am Familienleben teilnehmen durfte.

Sie selbst war ein typisches bürgerliches Mädchen der zwanziger und dreißiger Jahre, das uns Kindern später vor dem Mittagsschlaf die ersten »Nesthäkchen«-Bücher vorlas, alte Ausgaben aus ihrer Jugend, in denen sich ihre Vorstellungen eines (deutschen) Mädchen- und Frauenlebens widerspiegelten. 1992 schenkte sie mir gleich nach Erscheinen das Buch von Marianne Brentzel, »Nesthäkchen kommt ins KZ«, zutiefst erschrocken darüber, dass die Schriftstellerin Else Ury als Jüdin verfolgt und 1942 auf dem Weg nach Auschwitz oder im Lager selbst ermordet wurde.

Aber sie glaubte fest an die Rassentheorien. Sie meinte, »das Schwache« werde besser nicht großgezogen. Sie fand,

Behinderte sollten doch besser sterilisiert werden und verschiedene Rassen sollten sich nicht durch Ehe oder gar gemeinsame Kinder vermischen. Sie sprach gern über hohe und weniger hohe Stirnen, über angewachsene und nicht angewachsene Ohrläppchen und dass ein richtiger Mann ein groß gewachsener Offizier, ein Akademiker und Korpsstudent zu sein habe, bitte schön.

Ich konnte dieses geteilte Denken nie verstehen, erst jetzt, seit ich Bücher zu dem Thema gelesen habe, begreife ich. Bis wenige Monate vor ihrem Tod habe ich mich, wann immer ich sie sah, mit ihr über ihr starres nationalsozialistisch-rassenbiologisches Weltbild gezankt. Nur zuletzt, als wir beide schon wussten, dass sie bald sterben würde, sind wir uns in unseren Standpunkten näher gekommen. Heute denke ich, dass sie trotz ihrer Abwesenheit von Nazi-Deutschland zwischen ihrem neunten und dreizehnten Lebensjahr »genug« vom damaligen deutschen Schulunterricht mitbekommen hat. Der Biologieunterricht wurde gleich 1933 in ganz Deutschland auf die neue Rassenkunde umgestellt.

Ein Lehrbuch der Biologie für die fünften Klassen an höheren Schulen ist in meinen Besitz geraten: »Lebenskunde«, Band 3. Keine Ahnung, woher ich es habe. »1,–« steht auf dem Vorsatzblatt, wahrscheinlich stammt das Buch vom Flohmarkt. Seinen Titel ziert ein starker junger Bauer bei der Feldarbeit.

Ich finde, mit einigem Schaudern, die Versatzstücke meiner Jugend wieder.

Das Buch ist geschickt aufgebaut. Im ersten Teil wird von der »Stellung des Menschen in der lebenden Natur« über den »Lebenskampf« des urzeitlichen Menschen der Bogen bis zum »Jetztmenschen« geschlagen. Dann kommen »Die heute auf der Welt lebenden Menschenrassen«, und von dort ist es nur ein kurzer Weg zum Kapitel »Rassen und Volk«.

Im zweiten Teil des Lehrbuchs wird das Thema Vererbung diskutiert, Teil drei beschreibt den körperlichen Aufbau des Menschen als »höchstentwickeltem Wesen« mit Organen, Haut und Haar.

Nach diesen Vorbereitungen kommt das Buch in Teil vier zum Wesentlichen, zu Mensch und Volk:

»Für das Leben eines Menschen ist das Erbgut entscheidend, das er von seinen Eltern und Ahnen empfangen hat …

Nichts kann so die Ehrfurcht vor der Macht der Vererbung wecken und Familiensinn und Familienstolz stärken, wie eine ernste und vertiefte Sippen- und Ahnenforschung …

Dein Erbgut ist stärker als deine Umwelt …

Sowohl die Behauptung von Arten und Rassen als auch ihre Ausbreitung ist immer an eine ihnen gemäße Fruchtbarkeit gebunden …

Die Jugendkraft eines Volkes offenbart sich an dem Kindersegen seiner Sippen …

Wir dürfen auch nicht vergessen, dass Kinderreichtum einer erblich gesunden Familie nicht nur für das Volk, dem sie angehört, sondern auch für die Eltern und die Kinder dieser Familie selbst ein großer Segen ist …

Ohne weiteres verständlich ist, dass kranke Individuen (gemeint ist hier noch: im Tierreich) im Kampfe um das Dasein am ehesten ausgerottet werden …

Auf den höheren Stufen des Lebens, insbesondere bei gewissen Insektenarten und den Wirbeltieren, wirkt sich auch die geschlechtliche Zuchtwahl im Sinne einer natürlichen Auslese aus …

Auch der Mensch unterliegt diesem ehernen Gesetze der Auslese …

Mit der Entwicklung der Kultur wurde die Wirkung der natürlichen Auslese eingeschränkt, ja zum Teil sogar aufgehoben …

Dazu gehören besonders Menschen mit Mängeln und Krankheiten der Sinnesorgane, insbesondere des Auges und des Ohres, des Gebisses, des Herzens, der Verdauungsorgane und mit stärkeren Schäden an den Gliedmaßen. Da diese Mängel vielfach auf erblicher Grundlage beruhen, bedeutet eine Fortpflanzung der damit behafteten Menschen eine Verschlechterung der Rasse ...

Viel deutlicher als bei jedem anderen Lebewesen erkannten wir beim Menschen die Aufspaltung in Rassen, die von der Natur auf verschiedene Lebensräume gezüchtet sind ...

Es liegt danach auf der Hand, dass sich eine Vermischung von einander fernerstehenden menschlichen Rassen nur ungünstig auswirken kann ...

Auch das deutsche Volk ist – wie fast alle Kulturvölker der Erde – durch seine geschichtliche Entwicklung ein mischrassiges Volk geworden. Aber seine rassische Zusammensetzung ist, unbeschadet der Tatsache der Rassenmischung, eine überaus günstige zu nennen. Es besitzt in der nordischen Rasse einen Grundbestandteil ... unauflösbare Erbgutgemeinschaft ... Blut vor Vermischung ... heiligsten Besitz ... streng hüten ...«

Dann kommen die Juden und die Zigeuner – wir kennen die Anschuldigungen, die jeglicher Grundlage entbehren. Zwei Seiten mit Behauptungen und mit Fotos!

Zurück zum »biologischen Notstand des deutschen Volkes«. Schuld an diesem Notstand seien der Geburtenrückgang, die Erbkranken, das Eindringen volksfremden Blutes, heißt es. Und was sei dagegen zu tun? Man müsse lediglich »kranke und volksfremde Erbanlagen ausscheiden« und die »Geburtenzahlen erhöhen«.

Mehr braucht's nicht! Es ist ganz einfach!

Auf der letzten Seite des Schulbuchs ist das »Ehrenkreuz der deutschen Mutter« abgebildet, von dem ich immer schon wissen wollte, wie es aussieht. Psychologisch geschickt wird das Positive hervorgehoben. Viele Kinder zu haben, ist doch schön! Der ausgrenzende, zerstörende, mörderische Anteil an dieser Ideologie, in der die brutalen Auslesemechanismen der Tierwelt auf den Menschen übertragen werden, fällt hier einfach unter den Tisch, obwohl das die wesentliche Botschaft des Buches ist.

Nicht gewusst! Aber so tief verinnerlicht, dass noch Generationen davon zehren können.

Diese Geisteshaltung wurde wahrscheinlich noch während der Ausbildung meiner Mutter zur Kinderkrankenschwester direkt nach dem Krieg eins zu eins weitergegeben.

Als ich zwölf Jahre alt und eine Zeit lang sehr krank war, schenkte sie mir »Die Mutter und ihr erstes Kind« von Johanna Haarer, das ich fast auswendig lernte. Das Buch dieser Kinderärztin erschien während des »Dritten Reiches« in vielen Auflagen unter dem Titel »Die deutsche Mutter und ihr erstes Kind« und war nach dem Krieg bis weit in die achtziger Jahre in Westdeutschland lieferbar. Johanna Haarer propagierte einen Umgang mit Säuglingen, der sich auf pflegerische und verwaltende Arbeiten beschränkte, damit das Kind gleich nach der Geburt daran gehindert werde, »seine Eltern zu thyrannisieren«. Meine pflichtbewusste und sorgfältige Mutter hielt sich penibel an diese Richtlinien. Sie liebte ihre Kinder, sie wollte alles richtig machen. Dazu gehörte, Babys schreien zu lassen (wie hat sie das nur ausgehalten?), weil sie nur alle vier Stunden gefüttert werden durften, sie in ihren Bettchen festzubinden, damit sie nicht unter dem Federbett erstickten, und sie frühzeitig auf den Topf zu setzen, damit sie schnell »trocken und sauber« wurden. Als ich im Alter von fünfzehn Jahren in anderen Familien zu babysitten begann, konnte ich erleben, wie liebevoll und entspannt in manchen Familien mit Säuglingen umgegangen wurde.

Ich glaube, dass die von Johanna Haarer empfohlene Behandlung von Säuglingen dem Menschen die Fähigkeit nimmt, selbst zu spüren, was für ihn gut ist. Er verliert sein Empfinden dafür, wann er hungrig ist oder müde, er sucht nach jemandem oder etwas, der oder das über ihn bestimmt. Er wird verführbar. Seine Gefühle sind besonders gut mit Gruppen- und Massenveranstaltungen manipulierbar. Er ist das geeignete Objekt für Diktaturen. Sind diese inzwischen überholten Vorstellungen ursprünglich auch aus medizinischen Gründen entstanden, zum Beispiel als Hygienemaßnahmen zur Bekämpfung der hohen Säuglingssterblichkeit, so haben sie doch ihren Anteil an den Grausamkeiten des vergangenen Jahrhunderts gehabt.

Der deutschstämmige israelische Psychologe Dan Bar-On schreibt, sein Vater habe an eine Art Selbstmord-Gen geglaubt, das sich in Familien weitervererben könne. Bei uns gab es so etwas auch. Meine Ururgroßmutter, die Mutter von Hanns Weber, hatte ja das »Labile« mit in die Familie gebracht, vor dem wir uns zeitig zu hüten begannen. Das »Labile« bedeutete: Ideen außerhalb der Norm. Alles, was nicht »normal« war, galt als bedrohlich. Auch moderne Kunst, Literatur, Musik und eigenständiges Denken.

Datum: 23. März 16:29
Betreff: Eine neue Adresse
Liebe Tochter,
eben habe ich Herrn Fächer angerufen und ihn auf deinen möglichen Besuch oder Anruf vorbereitet.

Herr Fächer hat das Tuchkombinat Guttau geleitet und nach 1989 auch abgewickelt. Dazu gehörte nicht nur die Firma Weber, sondern weitere und größere Guttauer Tuchfabriken.

Anfangs saß er viele Jahre in meines Vaters »Comptoir«, sorgte auch dafür, dass das schöne Holzwerk des Raumes erhalten blieb, leitete die Spinnerei. Wurde dann Chef des Guttauer Tuchkombinats. Eine Zeit lang leitete er in Syrien eine große Baumwoll-Fabrik. Seine Frau war Lehrerin und unterrichtete dort in Syrien die DDR-Kinder.

Nach der Wende musste er das Kombinat abwickeln, die Leute nach und nach entlassen, was ihn seelisch sehr mitgenommen hat, kein Wunder. Ich habe ihn direkt nach der Wende kennen gelernt.

Seine Frau teilte uns mit, wie schlecht es ihm ging. Wir luden ihn ein, sie blieben eine Zeit und wir versuchten, ihn wieder aufzurichten.

Anschließend leitete er eine Tuchfabrik in Lettland. Nachdem die Letten wieder ihre volle Autonomie bekommen hatten, mussten alle Nichtletten aus dem Land, so auch er, obgleich sie ihn als guten Fachmann gern behalten hätten.

Ich schildere das so ausführlich, damit du dir ein Bild von ihm machen kannst. Neben Deutsch spricht er also Englisch und Russisch. Er ist als Mensch sehr angenehm und freundlich.

Mit beiden Pensionen scheint es ihnen gut zu gehen, wollen gerade dieser Tage nach Frankreich fahren. Seine moderne Wohnung gleicht einem Museum mit vielen Dingen aus Syrien und Lettland.

Er hat sich deinen Namen aufgeschrieben und steht zu deiner Verfügung.

Wer wahrscheinlich noch viel mehr weiß, ist Frau Langen, Lehrling bei unserem Prokuristen. Solltest du diese Anschrift noch haben wollen, sag es. Eine köstliche alte Dame. Musst du bald machen, sonst ist sie vielleicht tot.

Wir grüßen dich, Robert und die Kinder herzlich,

Vater

Datum: 24. März 8:17
Betreff: Geholfen
Lieber Vater,
vielen Dank für die Mail von gestern. Dass du ausgerechnet jemandem hilfst, der den Platz eingenommen hat, der dir oder einem deiner Brüder zugestanden hätte, rührt mich tief. Wie wäre es wohl weitergegangen, wenn die Fabrik in Mönchengladbach oder Krefeld gestanden hätte und nach dem Krieg weiterproduziert hätte? Die Tuchindustrie hat sich in Deutschland im Lauf der letzten fünfzig Jahre sehr verändert. Die meisten Tuchfabriken mussten schließen. Wie wären wir wohl aufgewachsen, wenn es dieses Familienunternehmen noch gegeben hätte? Oder wäre alles noch ganz anders gekommen?

Übrigens, Vater, warum haben wir früher eigentlich morgens immer Porridge gegessen? Kein ganz gewöhnliches Frühstück im Deutschland der fünfziger und sechziger Jahre.

Alles Liebe, sei umarmt von deiner Tochter

Mari

Mein Vater macht Urlaub in Deisendorf. Ich besuche ihn dort. Er liebt es, die Videokamera zwischen uns zu halten und mich aufzunehmen. Ich berichte ihm vom Stand meiner Recherchen. Er weiß längst, dass ich ein Buch darüber schreibe. »Mein Vater«, sagt er mal wieder, »hat von allem nichts gewusst.« »Aber«, antworte ich ganz mutig und spüre meinen schnellen Herzschlag, »warum hat er dann 1938 seinen jüdischen Vertretern im Ausland die Verträge gekündigt? Ich habe die Kündigungsschreiben in den Fabrikunterlagen gefunden.«

Er sieht mich an, als hätte ich ihn geschlagen. Er dreht den Kopf von mir weg. Dann zuckt er die Schultern und filmt mich wieder.

Er will mich mit nach Hause nehmen, denke ich, und: lieber Vater!

»Ich werde deine Mails in meinem Buch verarbeiten«, sage ich, »und es gibt einen Verlag, der sich für die Geschichte interessiert. Ich könnte dich als Co-Autor auf den Titel setzen.«

»Ach, Kind«, sagt er nach einigem Nachdenken, »mach, was du für richtig hältst, nur bitte halt meinen Namen da raus.«

«Möchtest du es nicht wenigstens lesen?«

Er nimmt die Kamera herunter. »Ehrlich gesagt: nein! Ich bin jetzt so alt, du wirst es schon richtig machen.«

Dann lächelt er mich an: »Übrigens, zu deiner Frage nach dem Porridge. Mein Großvater Hanns Weber, dein Urgroßvater, war in seiner Jugend ein Jahr lang in Manchester zur Ausbildung als Tuchmacher. Der hat den Porridge in die Familie gebracht.« Ich lächele zurück und sage: »Sozusagen kam der Porridge auf dem Seeweg in die Familie!«

Darüber freuen wir uns beide sehr.

Als ich nach Hause fahre, denke ich, dass er mich wieder überrascht hat. Erst hilft er jemandem, über den Verlust seines Jobs hinwegzukommen, der eigentlich sein »Feind« sein müsste. Dann will er noch nicht einmal lesen, was ich geschrieben habe. Ich weiß nicht, ob ich garantieren kann, dass man ihn in seinem Alter in Ruhe lässt, wenn das Buch erst einmal erschienen ist. Ich liebe ihn dafür, dass er mir vertraut.

Kann er mir vertrauen?

Tage später ruft er mich zur Mittagszeit an und fragt mit einer Stimme, die schon wieder so klingt, als hätte er den Gottseibeiuns gesehen, ob ich zwei Minuten Zeit habe. Ich setze mich vorsichtshalber und sehe meine Kinder durch die Glastür weiteressen.

»Ich habe dir die Musterbücher herausgesucht und dabei noch etwas gefunden«, höre ich. »Es existiert noch ein Umschlag mit Ausweisen von meinem Vater und den Entlassungspapieren aus Buchenwald«, sagt er mit seiner erschrockenen Stimme. »Dabei ist auch eine DDR-Zeitung mit den einzigen offiziellen Fotos, die uns gezeigt haben, wo er die ganzen Jahre über war.«

«Kannst du es mir zusammen mit den Musterbüchern schicken?«, frage ich ihn und durch meinen Kopf wirbeln Gedankenfetzen: Wenn er etwas davon wegwirft, was mache ich dann? Wenn er nicht will, dass ich Einzelheiten erfahre?

»Da steht viel drin, was nicht wahr ist«, sagt er und ich antworte mit so viel Beruhigung in der Stimme, wie ich nur aufbringe:

»Ich kann inzwischen beurteilen, was stimmt und was nicht. Bitte schick es mir, du machst mich damit sehr glücklich.«

Dann sagt er: »Ach, noch etwas. Schreib in dein Buch vorne hinein: Für meinen Vater! Das reicht mir.«

Als ich die Verbindung trenne, frage ich mich, wie sehr er verdrängt haben muss, diesen Umschlag zu besitzen, denn ich weiß, mein Vater ist (für jemanden wie mich!) fast zwanghaft ordentlich. Seine Mutter wird ihn mit den Musterbüchern zusammen an ihn vererbt haben, als sie 1996 starb.

Drei Tage später kommt ein Paket mit den alten, übrigens federleichten letzten Musterbüchern aus der Zeit vor der Fabrikschließung. Neben den kleinen Stoffvierecken befindet sich jeweils eine Zeichnung auf Millimeterpapier, die das Muster für Kette und Schuss zeigt.

Der Umschlag mit Ausweisen und anderen persönlichen Unterlagen meiner Großeltern liegt dabei, außerdem die angekündigte Zeitung.

Ich sortiere die dünnen Papierchen aus dem Umschlag mit der harmlosen Aufschrift »Div. Unterlagen von früher«. Ich kaufe Dokumentenfolien, falte die zarten, vergilbten Blätter auf und schiebe sie einzeln in die Hüllen. Ich klappe die Ausweise mit den Passfotos meiner Großeltern auf und gebe jedem einen eigenen Platz. Dann hefte ich alles in einen neuen Ordner.

Ist es normal, wenn Kinder sich in die Gefühle ihrer Eltern nicht hineinversetzen können, wenn ihnen die Empathie für sie, ihr Leben und ihre Erfahrungen fehlt? Haben wir die im Sozialdarwinismus propagierten Normen und Werte übernommen? Handelt es sich dabei um das, was Christa Wolf die Verwandlung von Mitleid in Hass und Angst genannt hat? Oder wissen wir nur nicht genug über die Gefühle unserer Eltern und Großeltern, weil Kinder »nicht alles wissen müssen«?

Während ich Zettel mit Aufschriften wie »Polizeiliche Anmeldung«, »Zuzugsgenehmigung«, »Bescheinigung«, »Verpflegungs-Ausweis«, »Vorläufiger Ausweis«, »Gesundheitspass für Flüchtlinge« sortiere, steigen mir Tränen in die Augen, wird mir der Hals eng. Diese kleinen Originaldokumente machen mir die Menschen lebendig, geben mir ein Gefühl für diese Zeit, in der ich klein war und nichts verstand.

Genauso erging es mir, nachdem ich einen Tag lang im Jüdischen Museum eine Schülergruppe begleitet und bei dieser Gelegenheit im Archiv ebensolche vergilbten, seidenfeinen Blättchen in Folien betrachtet hatte, die aus den dreißiger Jahren stammen. Die mit Stempeln versehenen, überall eingerissenen Fetzchen mit den Abdrücken verrosteter Büroklammern dokumentieren Vertreibung, Entwürdigung, Gefangenschaft und Tod von Menschen, die eine Adresse und einen Namen hatten.

Bei der Durchsicht der Unterlagen aus dem Umschlag greife ich immer wieder nach den Akten aus dem Landesarchiv und versuche, die verschiedenen Puzzleteile zusammenzusetzen.

In der Akte des Landesarchivs zur Enteignung der Fabrik finde ich die eidesstattlichen Erklärungen aus der russisch besetzten Zone. Es muss in Deutschland eine intensive Phase der eidesstattlichen Erklärungen gegeben haben! Diese hier bildeten die Grundlage für den Übergang des privaten Eigentums in staatlichen Besitz. Enteignet wurde nur mit triftigem Grund!

Zu Carl Hüllen schrieb Kurt K., inzwischen Strafvollzugsinspektor beim Gerichtsgefängnis Guttau, am 4. September 1946 an den Herrn Oberbürgermeister einen Bericht. Darin gibt er an, von 1928 bis 1939 Leiter der Schlosserei in der Firma Weber gewesen zu sein. Bis 1933 habe er der SPD angehört, danach keiner politischen Partei mehr.

»In den Jahren des Nationalsozialismus wurde, da verschiedentliche Äußerungen über diese bekannt wurden, auch bei der Firma Weber eine politische Polizei gebildet. Gebildet wurde diese im Büro des Herrn Hüllen. Personen, die noch dieser Gruppe angehörten und mir bekannt sind, sind folgende:

der Prokurist J., wohnhaft in Guttau, Fabrikgelände

Webmeister Sp., wohnhaft in Guttau, Fabrikgelände

Dass diese Gruppe gebildet worden ist, wurde mir durch Frau D., wohnhaft in Guttau, bekannt gegeben, mit dem Bemerken, heut ist eine Werkspolizei gegründet worden. Der Weber Erich M., welcher ebenfalls ein altes KPD-Mitglied war, kam auch zu mir und sagte, sieh dich vor, wir müssen jetzt nicht mehr so unvorsichtig sein mit unseren Erzählungen, denn diese Kadetten passen furchtbar auf, auch auf dich haben sie einen Pik. Wie diese Leute nach 1939 gearbeitet haben, kann ich nicht sagen, da ich schon im August 1939 eingezogen worden bin …

Erwähnen möchte ich noch:

Herr Hüllen hat es verstanden, gerade durch die furchtbaren Methoden der Politik die Leute zur Arbeit anzuspornen, denn er äußerte sich mehrfach, wir haben Wehrmachtsaufträge und wenn wir die Lieferungen nicht einhalten können, wird die Belegschaft zum Frontdienst herangezogen ...«

Im September 1945 wurden der Prokurist, zwei Meister und eine Sekretärin verhaftet.

Carl Hüllen war noch in Seifhennersdorf und arbeitete inzwischen für die russische Kommandantur. Dort wurde er am 16. September ohne Angabe von Gründen verhaftet und verbrachte viereinhalb Jahre in Jamlitz und Ketschendorf, die meiste Zeit aber in Buchenwald in russischer Gefangenschaft. Einmal soll eine Postkarte von einem entlassenen Mitgefangenen bei Benita angekommen sein mit der Nachricht, ihr Vater lebe noch.

Zwischen den Unterlagen aus dem Umschlag befindet sich ein kleiner Ausriss aus einer Guttauer Zeitung vom 18.7. ohne Jahresangabe, wahrscheinlich 1947:

»Gestapo-Agent soll enteignet werden

Einer der Betriebe, die von der eingesetzten Kreis- und Provinzkommission auf Grund des Befehls Nr. 97 und Nr. 124 beschlagnahmt und jetzt einstimmig zur Enteignung vorgeschlagen wurden, ist die Firma Weber, Tuchfabrik in Guttau, mit 378 Mann Belegschaft.

Der persönlich haftende Gesellschafter und Leiter des Unternehmens, Carl Hüllen, war gleichzeitig Leiter des früheren berüchtigten ›Sicherheitsdienstes‹, der bekanntlich noch über der Gestapo stand. Hüllen war einer der schlimmsten Verfechter der Naziideologie und Kriegsinteressent ersten Ranges.«

Diese Sätze des Herrn Kurt K. sind bis hin zu der Broschüre über die Tuchstädte der Lausitz nach der Wende jeweils treulich abgeschrieben worden. Kurt K. wird bis zu seinem Tod der Meinung gewesen sein, er habe ein gutes Werk getan, indem er mithalf, einen kapitalistischen Betrieb in Volkseigentum zu überführen.

Im Fabrikarchiv finde ich ein Zeugnis für Kurt K., ausgestellt am 25. November 1942, nach der Fabrikschließung:

> Kurt K. ist vom 8. Nov. 1926 bis 25. November 1942 als Fabrikschlosser bei mir tätig gewesen. Unterbrochen wurde diese Zeit durch Wehrmachtsdienst vom 26.8.1939–19.3.1941. Er hat zunächst als Gehilfe gearbeitet, aber schon nach wenigen Jahren konnte er die in einem Fabrikbetrieb vorkommenden verschiedensten Arbeiten selbständig, sachgemäß und mit großem Geschick ausführen. Herr K. ist ein guter Bau- und Maschinenschlosser und besitzt in seinem Fach neben seinen praktischen Erfahrungen gute Kenntnisse.
>
> Mit seinen Leistungen war ich immer zufrieden und seine Führung war auch gut. Wegen der Stilllegung meines Betriebes sieht sich Herr K. veranlasst, sich einen anderen Wirkungskreis zu suchen. Für seine Zukunft begleiten ihn meine besten Wünsche.

Unterschrift:

> Carl Hüllen

Herr K. hat es mit der Wahrheit nicht genau genommen. Herr K. hat gelogen. Nach seinem Wehrmachtsdienst war er zurückgekommen und hatte bis zur Stilllegung in der Fabrik gearbeitet, sogar noch einige Monate darüber hinaus. Seine übrigen Unterlagen in den Personalakten der Fabrik fehlen.

In der Akte mit den Unterlagen zur Enteignung aus der Nachkriegszeit wiederum finde ich folgendes Protokoll Nr. 3:

> »... Carl Hüllen, der eigentliche Leiter des Unternehmens, hatte versucht, sich wieder in die Leitung der Tuchfabrik einzuschalten. Er wurde jedoch überraschend ausserhalb von Guttau verhaftet. Der Hauptgrund hierfür ist darin zu

suchen, dass er Leiter des Sicherheitsdienstes war. Diese Position wurde bekanntlich über die Gestapo besetzt …

Einstimmiger Beschluss der Kreiskommission zur Beschlagnahme, Vorschlag zur Überführung in die Kommune.«

In derselben Akte befindet sich auch ein Brief des Anwalts von Maja Hüllen in Lübeck, die als Vertreterin ihrer drei unmündigen Kinder auftritt. Darin steht, dass weder ihr Mann noch sie je Mitglied der NSDAP gewesen seien.

Deshalb, so nehme ich an, ist im Protokoll Nr. 3 vom »eigentlichen Leiter« der Firma Weber die Rede, denn bis zu seinem Tod, kurz vor der Schließung 1942, waren die beiden Schwäger gleichberechtigte Partner.

Ab November 1948 fertigte die Tuchfabrik dann Uniformstoffe für die Rote Armee.

Carl Hüllen kommt am 25. Januar 1950 aus Buchenwald frei. Er erhält eine Bescheinigung, dass er aus dem Internierungslager entlassen worden ist und sich auf dem Heimweg nach Seifhennersdorf bei Zittau/Sachsen befindet.

»Diese Bescheinigung berechtigt Obengenannten, die Eisenbahn zu benutzen. Als Personalausweis kann sie nicht dienen.«

Unterschrieben von der Landespolizei Thüringen, i. V. Hechtner

Aufgrund dieser Bescheinigung erhält mein Großvater am 17. April 1956 vom Landratsamt in Wolfach, Kreisamt für Umsiedlung, eine einmalige Haftentschädigung nach dem Kriegsgefangenenentschädigungsgesetz in Höhe von 1500 DM. Ich finde heraus, dass das monatliche Durchschnittseinkommen 1951 in Westdeutschland 535 DM betrug. Ein Staatssekretär bekam etwa 2900 DM Pension pro Monat.

Vorerst aber reist Carl Hüllen nach Cottbus zu den Freunden, bei denen seine Frau einen Koffer für ihn abgestellt hat.

Sie lebt seit Jahren in Bayern bei ihrer Tochter Benita, die aber als Witwe eines Luftwaffenoffiziers mit den drei kleinen Kindern mehrmals die Wohnung wechseln musste. Carl fährt von Cottbus nach Berlin, wo er in der ärztlichen Untersuchungsstelle in Berlin-Charlottenburg medizinisch betreut wird. Er wiegt nur noch 105 Pfund, hat Hungerödeme in den Beinen und kann schlecht laufen. Aber er hat das Lager überlebt: Mit seinen russischen Sprachkenntnissen, dem Wissen um die psychischen Befindlichkeiten seiner russischen Bewacher, einer eisernen Gesundheit und vermutlich seinen organisatorischen Fähigkeiten schaffte er es, im Lager immer etwas zu tun zu haben.

Zum Abschied wurde den Gefangenen ein Schweigegebot auferlegt, mit der Maßgabe, man werde schon erfahren, wenn jemand dagegen verstoße.

Der Lehrer Ernst Klotz war gleichzeitig mit meinem Großvater Carl in Buchenwald interniert. In den fünfziger Jahren diktierte er seiner Frau in die Schreibmaschine, was er dort erlebt hatte. Der etwa hundertfünfzig Seiten umfassende Bericht wurde bis nach dem Fall der Mauer nicht publiziert, erst sein Sohn, der Mikrobiologe Günter Klotz, gab das Manuskript, nachdem er es von seiner Mutter geerbt hatte, zur Veröffentlichung frei. Unter dem Titel »So nah der Heimat – Gefangen in Buchenwald 1945–1948« ist es 1992 erschienen.

Ernst Klotz berichtet, viele Menschen seien damals als Spione denunziert und in die Lager der sowjetisch besetzten Zone gebracht worden. In den ersten Wochen ihrer Haft hätten sich die Männer gegenseitig ihre Verhaftungsgeschichten erzählt. Später, zur Untätigkeit verdammt, hätten sie begonnen, sich gegenseitig Vorträge über ihr berufliches Wissen zu halten: »Bis in letzte Details fragte man den Gemüsebauern, den Blumenkohlbauern, den Schweinezüchter, den Pferdehalter aus. Um Backen und Schlachten, um Dreschen und Düngen ging ganze Tage das Gespräch.«

Genauso verfuhren sie mit Handwerkern und den von ihm so genannten »Intelligenzberufen«, wie Juristen und Lehrer und Journalisten. Die »Kultura«, eine von den Russen zugelassene und unterstützte Einrichtung, wurde geschaffen, in der Theater- und Musikveranstaltungen stattfanden.

Aber im Herbst 1946 wurden die Haftbedingungen verschärft, die Essensrationen fast um die Hälfte gekürzt, Vorträge und Veranstaltungen verboten, die »Kultura« wieder aufgelöst. Wer den neuen Vorschriften zuwiderhandelte, wurde mit Einzelhaft oder der Verlegung in das so genannte Iso-Bataillon bestraft. In diesem Winter wurden die meisten Todesfälle in Buchenwald verzeichnet. Gründe waren Hunger, Kälte, Krankheit und Verzweiflung. Ernst Klotz' Schätzung, wie viele damals starben, liegt allerdings, wie die meines Vaters, viel höher als die offiziellen Zahlen, die heute in der Gedenkstätte belegt sind. Möglicherweise erinnert er sich besonders an die extremen Zeiten, in denen die Verluste viel höher waren.

Ernst Klotz wurde 1948 entlassen. Seine Frau, die mit den Kindern in ihrer Straße umziehen musste, hatte eine ihm bekannte, sehr auffällige Gardine ins Fenster der neuen Wohnung gehängt, damit er die Familie wieder finden konnte, denn es hatte keinerlei Kontakt ins Lager gegeben.

Die Gefangenen, die entlassen werden sollten, bekamen in den drei Monaten vorher deutlich bessere Rationen, damit sie »draußen« den Eindruck erweckten, gut behandelt worden zu sein. Zur Gruppe derjenigen, die noch bis 1950 bleiben mussten, zählten »die Besitzer von inzwischen enteigneten Betrieben, Angehörige von Kommandos und Inhaber von Dienststellen im Lager, die einen Einblick gehabt hatten, wie z. Bsp. ... Mitglieder von Beerdigungskommandos und der in Westdeutschland Beheimateten oder solche, die den amerikanischen Besatzungstruppen nahe gestanden hatten.«

Deshalb musste mein Großvater Carl Hüllen es also bis 1950 in Buchenwald aushalten.

Ein russischer Offizier notierte sich die Jenaer Adresse von Ernst Klotz, als der entlassen wurde.

Am 15. Juli 1948 nach Jena zurückgekehrt, ging Ernst Klotz bei einem Zimmermann in die Lehre, weil er in einem akademischen Beruf nicht wieder arbeiten durfte. Während des »Dritten Reiches« hatte er für die Nazis Geschichtslehrer ausgebildet.

1949 erschien der Offizier, der sich die Adresse notiert hatte, um Klotz für eine Agententätigkeit anzuwerben. »Die gewährte Bedenkzeit«, schreibt Günter Klotz, »nutzte mein Vater, um die DDR mit seiner Familie zu verlassen.«

Wie lebt jemand weiter, der über traumatische Erfahrungen nicht sprechen darf?

Werden sie, unausgesprochen, wirklich auf die nächste Generation übertragen, so wie Gabriele Rosenthal es beschreibt?

Der Psychoanalytiker Tilman Moser wird bei einer Diskussionsveranstaltung des *ost-west-forums* in Gödelitz/Sachsen gefragt: »Warum kümmert sich nicht jeder um unsere gemeinsame Geschichte?« Er denkt ein wenig nach und sagt dann langsam: »Wissen Sie, das ist eine Frage der Arbeitsteilung. Wir müssen nicht alle dasselbe tun. Vielleicht zehn Prozent der Menschen hierzulande wollen wissen, was damals wirklich geschehen ist. Sie tun es in Vertretung für die Übrigen. Man braucht dafür einen Anlass, ein besonderes Ereignis oder einen großen Druck, eine Depression, einen Verlust oder etwas, das an ein lange zurückliegendes Ereignis erinnert.«

Ich nehme die Kassette mit dem Interview meiner Großmutter, lege sie in den Kassettenrekorder und drücke auf Play. Ich empfinde die Stimme wie eine liebevolle Berührung. Mir fällt der Geruch ihrer Seife wieder ein und dass sie mich mit Zitronenöl eingerieben hat, als ich klein war.

Ich höre ihre Sommergeschichten und ihre Kriegsgeschichten und ihre Kochgeschichten aus der Nachkriegszeit und ich höre mir die Stelle dreimal an, wo sie auf die Frage antwortet, warum mein Großvater verhaftet wurde:

»Weil er Betriebsführer war, die waren alle … mussten alle … mussten alle eine … Armee, eine militärische … ich weiß es nicht mehr, jedenfalls hatten die irgendwie Funktionen von der Partei, sowohl mein Mann, der Prokurist und die Meister auch, deshalb … die haben dann auch, nach dem … ob das einer vom Schützenverein war … oder …«

Funktionen in der Partei? Doch? Das hatte ich nicht verstanden, als ich die Kassette zum ersten Mal hörte. Was es wohl zu bedeuten hat? »Vielleicht Werkschutz?«, sagt mein Freund, der Historiker, und ich sehe in dem Lexikon »Vokabular des Nationalsozialismus« unter W nach. Ich finde »Werkschar« und da begegnet mir plötzlich auch Dr. Ley, den meine Großmutter erwähnt und von dem ich bisher angenommen hatte, er sei einer der Mitarbeiter meines Großvaters gewesen.

Der Parteigenosse Dr. Robert Ley, lese ich, war zuständig für die Neugruppierung der Werkschar in den Betrieben. Ziel der Werkschar war es, die Gefolgschaft »zu höchster Leistung anzuspornen« und »zu letzter Hingabe« zu erziehen. Sie war den Ortsgruppen der NSDAP unterstellt und ihr wichtigstes Ziel bestand darin, den Leuten klarzumachen: »Der Führer hat immer Recht.«

»Der Nationalsozialismus hat die Betriebe erobert«, erklärte Dr. Ley seinem Führer in einer Rede auf dem Parteitag 1936.

Ich spüre ein spontanes, ununterdrückbares Bedürfnis, meinen Großvater zu verteidigen. Was hätte er denn tun sollen? Mitgefangen, mitgehangen. Hätte er sich einsperren lassen sollen? Ich habe doch gehört, dass bei Webers nicht gedrängelt und nicht gegängelt wurde. Hätte der Kapitän das sinkende Schiff verlassen sollen? Immerhin ist er erst 1940 in die NSDAP eingetreten. Und die Familie wäre in Sippenhaft genommen worden, wenn er sich geweigert hätte.

Ach, Kurt K., denke ich, du alter Kommunist, du hast doch Recht gehabt mit der Sicherheitspolizei. Die Werkschar hatte natürlich auch den Zweck, dich und deinesgleichen unschädlich zu machen. Allerdings haben sie dich nicht erwischt oder nicht erwischen wollen. Ich habe dein Zeugnis gelesen, du wurdest gut beurteilt.

War Opa nun Nazi? Sieht ganz so aus. Ich kann es nicht glauben!

Haffner! Aber Sebastian Haffner hat doch gesagt, Nazi war nur derjenige, der an der fortwährenden antisemitischen Orgie teilgenommen und alles darangesetzt hat, das Gewissen der nachfolgenden Generation abzutöten … Nein, daran hat Opa sich nicht beteiligt.

Endlich entschließe ich mich, noch einmal bei der alten Frau anzurufen, die Lehrling in der Fabrik meiner Großeltern war, und sie zu fragen, ob sie vielleicht den Namen des jüdischen Mädchens weiß, das damals bei Webers Wolle sortiert hat. Es ist ein überraschend schwerer Schritt. Nachzufragen ist für mich immer noch ein Tabu, wie ein schwarzer Vorhang, hinter den zu blicken Gefahren birgt. Hier meine Familie, die mich verstoßen könnte, dort Menschen aus Fleisch und Blut mit Namen und Adresse, die verloren gegeben wurden, bis sogar ihr Name vergessen war.

Ja, sie könne sich noch gut erinnern. Das Mädchen sei nur ganz kurz in der Fabrik gewesen, vielleicht eine Woche, wohl 1938/39, später jedenfalls nicht. Sie sei ganz arm gewesen, habe zuletzt mit ihrer Mutter nur noch ein kleines Zimmerchen mit einem einzigen Topf zum Kochen gehabt. Auch an den Namen erinnert sich die alte Frau. Allerdings nicht vollständig. Ich frage im Guttauer Museum nach und dann habe ich ihn. Eine Eingabe im Internet schenkt mir auch den Vornamen: Ernestine Werblowsky!

Ein Max Werblowsky besaß eine Firma:

> Alteisen und Metalle, Lumpensortieranstalt,
> Spezialsortierung von Wollumpen zur Kunstwollfabrikat.,
> Wollabfallhandlung aus Hut- und Tuchfabriken,
> Putzwolle und Putzlappen div. Qualität
> Feldbahnschienen, An- und Verkauf sowie zur Miete.
> Straupitzerstr. 3.
> Wohn.: Straupitzerstr. 2,

wie ich in den Guttauer Einwohnerbüchern von 1920, 1930 und 1936 lesen kann. 1939 finde ich unter dem Buchstaben W eine umrandete Anzeige:

Herm. Richard Heinke
(früher M. Werblowsky)
Alteisen und Metalle, Rohprodukte,
Abfälle aller Art. Lumpensortier-Anst.,
Woll- und Haarabfallhandlung
Tel.: 3333

Arisiert!

Der Vater (oder Großvater?) von Ernestine, Max Werblowsky, geboren 1869, wurde in Theresienstadt ermordet, wie ich über die erst im November 2004 von der Erinnerungsstätte Jad Vashem ins Netz gestellte Datenbank der Shoa-Opfer erfahre. Von Ernestine und ihrer Mutter vorerst keine weitere Spur. Möglicherweise wurden sie nach Warschau ins Ghetto transportiert und später nach Treblinka, aber dafür habe ich noch keine Beweise. Die aus Guttau nach Jad Vashem gesandte Liste mit den von dort abtransportierten jüdischen Bürgern Guttaus enthält die Namen »Ernestine Werblowsky« und »Frau Werblowsky«.

Ernestine, denke ich, und der Name begleitet mich. Sie muss etwa so alt wie Richard und Benita gewesen sein. Ich betrachte das Foto einer Schulklasse von 1926. Eins der vielen Kinder könnte sie sein.

Ich rufe bei meiner Tante Benita an: Sie hat den Namen Werblowsky nie gehört, obwohl Ernestine vermutlich so alt war wie sie. Das ist vorstellbar, denn als Benita Hitlermädel wurde, durfte Ernestine längst nirgends mehr mitmachen.

Ein Bett für eine Nacht, ein warmer Mantel, ein dunkler Keller oder ein Dachboden zum Verstecken, ein gefälschter Ausweis, ein Teller mit Essen. Neun Menschen habe es gebraucht, um einen Menschen zu retten, sagen Leute, die das getan haben. Ich fürchte, solche hat es für Ernestine und ihre Mutter sowie für ihren Vater in diesem Land, bei meiner Familie, nicht gegeben. Eine Familie voller Angst um die eigene Existenz, unter Beobachtung ihrer »Gefolgschaft« und ihrer Konkurrenz, der anderen Tuchmacher in der kleinen Stadt. Meine Großmutter war eine gute Tochter, Ehefrau, Hausfrau und Mutter. Carl Hüllen, mein Großvater, ein gesellschaftlicher Aufsteiger, ein besorgter Familienvater und Patriarch, ein tüchtiger Geschäftsmann, der die Fabrik heil durch Inflation und Weltwirtschaftskrise gebracht hatte. Eine Familie, die nichts falsch machen wollte, später schwer abgestraft wurde. Opportunisten. Kopfeinzieher. Menschen wie ich? Menschen wie ich.

Guttau ist eine Stadt im Osten dieser Republik, die in Wirklichkeit anders heißt. Der Schriftsteller Klaus Herrmann hat den Namen 1961 erfunden und ich habe ihn übernommen.

Die Namen Hüllen und Weber habe ich mir meinem Vater zuliebe ausgedacht. Er hat die schwergängigen Schubladen mit seinen unverarbeiteten Erinnerungen vorsichtig geöffnet und teils sehr schmerzliche, teils träumerisch schöne Fundsachen entdeckt, die ihm, obwohl er manche der Schubladen sogar vor sich selbst verschlossen gehalten hatte – oder gerade deswegen –, im Laufe seines Lebens eine Gebirgswanderung von Gefühlen beschert haben.

Aus Rücksicht auf meine Familie habe ich noch andere Namen geändert.

Es gibt eine ganze Reihe von Menschen, die mir geholfen haben, vor allem Hubertus, der irgendwann mein Skript zum Buch erklärte. Anja Szyslo und Annett Trappiel haben mir den Rücken freigehalten. Bernhard Hanuschik und Antonia Braun haben mir eine wunderbare Lesenacht geschenkt. Meine drei Töchter haben die Vorbilder für Hanna und Carlotta geliefert und ausgehalten, dass ihre Mutter oft genug geistesabwesend war. Dank an euch alle!

Vielen Dank auch meiner Lektorin Claudia Schlottmann, die mich einfühlsam auf alle Ungereimtheiten aufmerksam gemacht hat, für die Zusammenarbeit.

Marion Welsch

Im Text zitierte Literatur

Bar-On, Dan: Die Last des Schweigens. Gespräche mit Kindern von NS-Tätern. Erweiterte Neuausgabe, Edition Körber-Stiftung Hamburg 2003

Becker, Jurek: Jakob der Lügner. Roman. Suhrkamp Taschenbuch, Frankfurt/Main 2003

Bubis, Naomi / Mehler, Sharon: Versuch das Tabu zu brechen. Suhrkamp Taschenbuch, Frankfurt/Main 1996

Brentzel, Marianne: Nesthäkchen kommt ins KZ. Eine Annäherung an Else Ury 1877-1943. efef-Verlag, Zürich/Dortmund 1992

Brunner, Claudia / v. Seltmann, Uwe: Schweigen die Täter, reden die Enkel. Edition Büchergilde, Frankfurt/Main 2004

Deutschkron, Inge: Mein Leben nach dem Überleben. Deutscher Taschenbuchverlag, München 1995 (vergriffen)

Einstein, Albert: Einstein sagt. Zitate – Einfälle – Gedanken. Piper Verlag, München 2004

Gedat, Gustav Adolf: Ein Christ erlebt die Probleme der Welt. Versuch einer volkstümlichen Einführung in das Weltgeschehen unserer Tage. Verlag I. F. Steinkopf, Stuttgart 1936

Geissler, Christian: Die Anfrage. Roman. Claassen Verlag, Hamburg 1960

Goldhagen, Daniel Jonah: Hitlers willige Vollstrecker. Ganz gewöhnliche Deutsche und der Holocaust. Siedler bei Goldmann, Berlin 1998

Haarer, Johanna: Die Mutter und ihr erstes Kind. Carl Gerber Verlag, München 1963

Haffner, Sebastian: Germany: Jekyll & Hyde. 1939 – Deutschland von innen betrachtet. Erstausgabe: Secker & Warburg, London 1940. Deutsche Erstausgabe: Verlag 1900 Berlin, 1996

Haffner, Sebastian: Geschichte eines Deutschen. Die Erinnerungen 1914–1933. Deutsche Verlags-Anstalt, München 2000

Henningsen, Franziska: Traumatisierte Flüchtlinge und der Prozess der Begutachtung. In: Psychoanalytische Perspektiven 2002

Herrmann, Klaus: Die guten Jahre. Roman einer bürgerlichen Familie. 2 Bände. Verlag der Nation, Berlin 1967 (2. Auflage)

Hertzberger, Eleonore: Durch die Maschen des Netzes. Ein jüdisches Ehepaar im Widerstand gegen die Nazis. Heyne Verlag, München 1996

Kertész, Imre: Die Glückskatastrophe. ZEIT-Gespräch mit dem Nobelpreisträger Imre Kertész über Berlin, den Antisemitismus, das Geld und die Erlösung. In Die ZEIT, Nr. 43 vom 17.10.2002
Klotz, Ernst: So nah der Heimat – Gefangen in Buchenwald 1945–1948. Verlag J.H.W. Dietz Nachf., Bonn 1992
Kroll, Frank Lothar: Zwischen Staatsräson und Idealismus. In: Ostpreußenblatt, Ausgabe 13, 13.3.2002
Langer, Tanja: Der Morphinist oder Die Barbarin bin ich. Roman. Luchterhand Literaturverlag, München 2002
Lebenskunde. Band 3. Verlag Kurt Stenger, Erfurt o.J.
O'Donoghue, David: Hitler's Jewish Voices. The Story of German Radio's Wartime Irish Services. Beyond the Pale Publications, Belfast 1998
Peter, Andreas: Nachbarn von einst – Bilder und Dokumente jüdischen Lebens. 1999
Ritscher, Bodo / Lüttgenau, Rikola-Gunnar / Hammermann, Gabriele / Röll, Wolfgang / Schölzel, Christian (Hg. im Auftrag der Gedenkstätte Buchenwald): Das sowjetische Speziallager Nr. 2 1945–1950. Katalog zur ständigen historischen Ausstellung. Wallstein Verlag, Göttingen 1999
Rosenthal, Gabriele: Transgenerationale Folgen von Verfolgung und Täterschaft. In: Streeck-Fischer, A. / Sachsse, U. / Okzan, I. (Hg.): Körper Seele Trauma. Biologie, Klinik und Praxis. Verlag Vandenhoek & Rupprecht, Göttingen 2001
Rosenthal, Gabriele: Der Holocaust im Leben von drei Generationen. Familien von Überlebenden der Shoah und von Nazi-Tätern. Psychosozial-Verlag, Gießen 1999
Roth, Philip: Mein Leben als Sohn. Eine wahre Geschichte. Deutscher Taschenbuchverlag, München 2002
Schmalz-Jacobsen, Cornelia: Zwei Bäume in Jerusalem. Hoffmann & Campe Verlag, Hamburg 2002
Schmitz-Berning, Cornelia: Vokabular des Nationalsozialismus. Verlag Walter de Gruyter, Berlin 2000
Siedler, Wolf Jobst: Ein Leben wird besichtigt. In der Welt der Eltern. Siedler Verlag, Berlin 2000
Timm, Uwe: Rot. Roman. Kiepenheuer & Witsch Verlag, Köln 2001
Timm, Uwe: Am Beispiel meines Bruders. Kiepenheuer & Witsch Verlag, Köln 2003
Welzer, Harald / Moller, Sabine / Tschuggnall, Karoline: »Opa war kein Nazi«. Nationalsozialismus und Holocaust im Familiengedächtnis. S. Fischer Verlag, Frankfurt/Main 2002
Wolf, Christa: Kindheitsmuster. Roman. Sammlung Luchterhand, München 2002
Wolf, Christa: Die Dimension des Autors. Essays und Aufsätze, Reden und Gespräche 1959–1985. 2 Bände. Sammlung Luchterhand, Frankfurt/Main 1990
Zuckmayer, Carl: Geheimbericht. 1943/1944 für das amerikanische Office of Strategic Services verfasst. Deutsche Erstveröffentlichung: Nickel, Gunther / Schrön, Johanna (Hg.): Carl Zuckmayers Geheimreport. Wallstein Verlag, Göttingen 2002